Anatoli Konstantin Gradlski

El desafío de la preparación al matrimonio

Anatoli Konstantin Gradiski

El desafío de la preparación al matrimonio

De Familiaris Consortio a Christus Vivit: valoración de la proposta de Yves Semen

CREDO EDICIONES

Cover image: www.ingimage.com

Publisher:
CREDO EDICIONES
is a trademark of
Dodo Books Indian Ocean Ltd., member of the OmniScriptum S.R.L Publishing group
str. A.Russo 15, of. 61, Chisinau-2068, Republic of Moldova Europe
Printed at: see last page
ISBN: 978-613-5-58646-6

INTRODUCCIÓN

El tema central de nuestro estudio es la preparación al matrimonio canónico de los jóvenes. Ese itinerario de formación para los jóvenes novios representa para la comunidad eclesial un gran reto, un desafío. ¿Cómo mejorar la pastoral de la preparación del matrimonio hoy? Hacemos esta pregunta con el interés de presentar y valorar una propuesta actual, la de Yves Semen.

Los jóvenes recorren un camino de discernimiento en la vida y, por ello, poseen una vocación radical al amor (Cfr. FC 11), pues "llamándolo a la existencia *por amor*, lo ha llamado al mismo tiempo *al amor*" (FC 11) y además: "Dios es amor y vive en sí mismo un misterio de comunión personal de amor. Creándola a su imagen y conservándola continuamente en el ser, Dios inscribe en la humanidad del hombre y de la mujer la vocación y consiguientemente la capacidad y la responsabilidad del amor y de la comunión." (FC 11)

En la primera parte del primer capítulo presentamos previamente las reflexiones sobre el deseo de familia en el corazón de los jóvenes. En primer lugar, a la luz de los estudios del Sínodo de la Familia y de *Amoris laetitia,* vemos que los jóvenes desean familia, y que este deseo no está en crisis: "Como han indicado los Padres Sinodales, a pesar de las numerosas señales de crisis del matrimonio, 'el deseo de familia permanece vivo, especialmente entre los jóvenes, y esto motiva a la Iglesia'." (AL 1)

En segundo lugar nos basamos en *Christus vivit* y en los estudios provenientes del Sínodo sobre Juventud, Vocación y Discernimiento Vocacional para sacar las indicaciones sobre los jóvenes y el matrimonio en las perspectivas más recientes. El magisterio de la Iglesia sobre la preparación al matrimonio nos orienta. En este recorrido del magisterio en constatar el deseo de los jóvenes por el matrimonio, nos basamos para fundamentar la importancia de la propuesta de Yves Semen en el interés de presentarles la belleza del matrimonio, mediante esta propuesta.

Por ello, el segundo capítulo de nuestro trabajo será dedicado a la preparación al matrimonio basándonos en *Familiaris consortio* y *Amoris laetitia.* La idea clave es la preparación al matrimonio y por ello leemos la Exhortación Apostólica *Amoris laeticia,* presentada por el Papa Francisco, iluminado ante todo por la Exhortación Apostólica *Familiaris consortio* y las *Catequesis del Amor Humano* (*Teología del Cuerpo* de San Juan Pablo II), base del pensamiento de la Iglesia para la preparación al matrimonio en la actualidad.

¿Podremos aportar una mejora en la pastoral del matrimonio que se realiza hoy? Hay que considerar el deseo de la juventud por constituir familia, y con ello, en el ámbito de la Pastoral Familiar ejercer un trabajo de formación y de presentar a los jóvenes la belleza del matrimonio, lo que reclama *Amoris laetitia* y que, en la segunda parte de este trabajo vamos a profundizar. Es por esto que presentamos el itinerario de preparación al matrimonio propuesto por Yves Semen para ser valorado en este trabajo.

Por consiguiente ¿Cómo podemos mejorar la preparación del matrimonio hoy? La tercera parte de nuestra investigación presenta la propuesta de Yves Semen para la preparación al matrimonio, basado en la Teología del Cuerpo. Con ello, queremos identificar en los tiempos actuales, luces que enseñen caminos para una entrega verdadera, auténtica, llena de entusiasmo, ternura y fe, por parte de los jóvenes, para construir familia y garantizar la vida y el amor.

En el cuarto capítulo, buscamos hacer una valoración de la propuesta de Yves Semen, desde el documento *Amoris laetitia* y todo el Magisterio. Queremos buscar en el camino propuesto por nuestro autor las pistas para que el desafío sea superado, con posibilidades concretas de mejorar el itinerario de maduración en la vida de los jóvenes hacia el matrimonio. La propuesta que Yves Semen tiene quiere proporcionar a los jóvenes la madurez del encuentro de amor que se concretará en el matrimonio.

Que este estudio venga a proporcionarnos una vía concreta de apoyo, motivación y coraje para renovar los planos de encuentros prematrimoniales de nuestras parroquias y ayude a los jóvenes a conformar el deseo del matrimonio, realizándolo en la propia vida. Además, nuestro interés es propiciar que los jóvenes construyan la felicidad el uno con el otro, y, por lo tanto, la reciprocidad, la vivencia del amor y el empeño por una civilización siempre basada en los pilares de la familia.

CAPITULO I

JOVENES Y MATRIMONIO EN LA ACTUALIDAD

I.0. Introducción

Para iniciar nuestra investigación sobre el desafío de la preparación al matrimonio, volvemos nuestra mirada hacia los jóvenes y el matrimonio en la actualidad. Por ello, en este capítulo queremos reflexionar sobre el interés de los jóvenes por el matrimonio y la familia a la luz de documentos del Sínodo de la Familia y de la Exhortación Apostólica *Amoris laetitia*[1].

Muchas perspectivas se abren en el camino propiciado por *Amoris laetitia.* La convocación del Sínodo de los Obispos sobre la juventud demuestra, por ejemplo, que el discernimiento vocacional es fundamental para la juventud en su proceso de decisión y realización.

> "[...] Entre las líneas de acción pastoral propuestas encontramos las siguientes: ofrecer, desde la adolescencia, un camino que aprecie la belleza del matrimonio; formar agentes pastorales sobre los temas del matrimonio y de la familia. Se señala también el testimonio de grupos de jóvenes que se preparan al matrimonio con un noviazgo vivido en la castidad." [2]

A través de consideraciones hechas en la recién publicada Exhortación Apostólica *Christus vivit*[3], del Papa Francisco vislumbramos también el valor que tiene la familia y el matrimonio para la generación joven. Por ello, en la segunda parte de este

---

[1] P. FRANCISCO, *La Alegría del amor, Exhortación apostólica Amoris laetitia,* EDIBESA, Madrid 2016.

[2] SÍNODO DE LOS OBISPOS, III Asamblea General Ordinaria, *Desafíos pastorales de la familia en el contexto de la evangelización* (Instrumentum Laboris), San Pablo, Madrid 2014, n.82.

[3] P. FRANCISCO, *Exhortación Apostólica Christus vivit*, San Pablo, Madrid 2019.

capítulo nos proponemos a conocer la visión de la Iglesia sobre los jóvenes y el discernimiento vocacional, a través del Sínodo de los Jóvenes y de la Exhortación Apostólica *Cristus vivit.*

En el acompañamiento de jóvenes y en su formación se nota la necesidad de conocer la realidad que vivimos y que se encuentra en los retos de la post-modernidad, de "liquidez" en las relaciones, de inmediatez y de fragilidad de la intersubjetividad, en los diversos campos, incluso el religioso[4], y que en el campo de las relaciones humanas el individuo pasa a ser objeto de consumo, como los productos del sistema económico.

Se "[...] proyecta el mundo y todos sus fragmentos animados e inanimados como objetos de consumo, es decir, objetos que pierden la utilidad (y por lo tanto, la atracción, el poder de seducción y el valor) mientras se utilizan."[5] Ya en el proceso de estudios propiciado en el Sínodo de la Familia se evidenciaba esta realidad, destacada por el Papa Francisco en *Amoris laetitia:*

> "Las consultas previas a los dos últimos sínodos sacaron a la luz diversos síntomas de la "cultura de lo provisorio". Me refiero, por ejemplo, a la velocidad con la que las personas pasan de una relación afectiva a otra. Creen que el amor, como en las redes sociales, se puede conectar o desconectar a gusto del consumidor e incluso bloquear rápidamente. Pienso también en el temor que despierta la perspectiva de un compromiso permanente, en la obsesión por el tiempo libre, en las relaciones que miden costos y beneficios y se mantienen únicamente si son un medio para remediar la soledad, para tener protección o para recibir algún servicio. Se traslada a las relaciones afectivas lo que sucede

---

[4] "[...]no hay como negar que en el centro de las crisis de la modernidad, que se agiganta en nuestros días, algo nuevo despunta en el horizonte, una realidad híbrida , un clima intenso de búsqueda, una fase heurística, que une al pesimismo y al desaliento [...] un vislumbre de esperanza", en J.J. QUEIROZ; M.L. GUEDES; A.M. QUINTILIANO (Orgs.), *Religião, Modernidade e Pós-Modernidade:* interfaces, novos discursos e linguagens, Editora Idéias& Letras, Aparecida 2012, p. 7 (trad. nuestra).

"[...] não há como negar que no âmago das crises da modernidade, que se agigantam em nossos dias, algo novo desponta no horizonte, uma realidade híbrida, um clima intenso de busca, uma fase heurística, que alia ao pessimismo e ao desalento [...] um vislumbre de esperança".

[5] Z. BAUMANN, *Vida Líquida*, Jorge Zahar Editora, Rio de Janeiro 2007, p. 16-17 (trad. nuestra).

con los objetos y el medio ambiente: todo es descartable, cada uno uso y tira, gasta e rompe, aprovecha y estruja mientras sirva. Después, ¡adiós! El narcisismo vuelve a las personas incapaces de mirar más allá de si mismas, de sus deseos y necesidades. Pero quien utiliza a dos demás tarde o temprano termina siendo utilizado, manipulado y abandonado con la misma lógica [...]"[6]

Por ello queremos profundizar en las perspectivas de la juventud en su construcción de valores, lo que constituye un desafío para los tiempos actuales y, en particular, sus preguntas que vienen siendo mucho más importantes, respecto de su visión de la familia y vida.

En Brasil, actualmente, ante las preocupaciones eclesiales evidenciadas en *Amoris laetitia:* "[...] existe una cultura tal que empuja a muchos jóvenes a no poder formar una familia porque están privados de oportunidades de futuro. Sin embargo, esa misma cultura concede a muchos otros, por el contrario, tantas oportunidades, que también ellos se ven disuadidos de formar una familia."[7]

Por lo tanto, el camino que nos presenta *Amoris laetitia* como desea el Papa Francisco y la Iglesia, es posicionarse, frente a una época de grandes cambios, con esperanza, por la familia y el matrimonio. Son los jóvenes los protagonistas del rico itinerario que veremos abrirse con la propuesta de Yves Semen que buscamos valorar en este trabajo. Y en *Christus vivit* vislumbramos los primeros momentos del descubrimiento del amor y de la vocación matrimonial.

---

[6] P. FRANCISCO, *La Alegría del amor. Exhortación apostólica Amoris Laetitia.* EDIBESA, Madrid 2016, n.39

[7] Ibid, n. 40.

I.1. En el Sínodo de la Familia y *Amoris laetitia*

En los tiempos actuales, en que incluso la Institución religiosa se ve cuestionada por el mantenimiento que ejerce de principios y valores fundamentales en defensa y conservación de la vida, los jóvenes se encuentran en un desafío: el deseo de su libertad y también la necesidad de realización humana, de integrarse, de madurar.

Es posible encontrar en la dimensión formativa de la conciencia crítica juvenil el sentido de vida que se dice en nuestros tiempos haber perdido. Hoy estamos insertos en un período de *cambio de época*, conforme explica la Conferencia Episcopal Latino-Americana en el Documento de Aparecida:

> "Vivimos un cambio de época, y su nivel más profundo es el cultural. Se disuelve la concepción integral del ser humano, su relación con el mundo y con Dios [...]. Surge hoy, con gran fuerza, una sobrevaloración de la subjetividad individual. Independientemente de su forma, la libertad y la dignidad de la persona son reconocidas. El individualismo debilita los vínculos comunitarios y propone una radical transformación del tiempo y del espacio, dando un papel primordial a la imaginación. Los fenómenos sociales, económicos y tecnológicos están en la base de la profunda vivencia del tiempo, el cual se concibe fijado en el propio presente, trayendo concepciones de inconsistencia e inestabilidad. Se deja de lado la preocupación por el bien común para dar lugar a la realización inmediata de los deseos de los individuos, a la creación de nuevos y muchas veces arbitrarios derechos individuales, a los problemas de la sexualidad, de la familia, de las enfermedades y de la muerte."[8]

[8] "Vivemos uma mudança de época, e seu nível mais profundo é o cultural. Dissolve-se a concepção integral do ser humano, sua relação com o mundo e com Deus [...]. Surge hoje, com grande força, uma sobrevalorização da subjetividade individual. Independentemente de sua forma, a liberdade e a dignidade da pessoa são reconhecidas. O individualismo enfraquece os vínculos comunitários e propõe uma radical transformação do tempo e do espaço, dando papel primordial à imaginação. Os fenômenos sociais, econômicos e tecnológicos estão na base da profunda vivência do tempo, o qual se concebe fixado no próprio presente, trazendo concepções de inconsistência e instabilidade. Deixa-se de lado a preocupação pelo bem comum para dar lugar à realização imediata dos desejos dos indivíduos, à criação de novos e muitas vezes arbitrários direitos individuais, aos problemas da sexualidade, da família, das enfermidades

En el interior de esta reflexión a la que nos proponemos está la relación de la juventud y la familia y, con ello, su relación con la realidad del Matrimonio. Mientras ocurre ese proceso en su vida, se encuentran en el seno de la familia que es su fundamento y apoyo.

La Iglesia, ante los desafíos que afronta la familia, se encuentra preocupada y "ve con aprensión la desconfianza de muchos jóvenes hacia el matrimonio, y sufre por la precipitación con que muchos fieles deciden poner fin al compromiso conyugal para instaurar otro en su lugar."[9]

Por ello, a través del Sínodo de la Familia, la Iglesia busca seguir un camino de sabiduría y descubre en el momento actual que:

> "Muchos jóvenes siguen viendo el matrimonio como el gran anhelo de su vida y el proyecto de una familia propia como la realización de sus aspiraciones. Sin embargo, asumen concretamente actitudes diversas frente al matrimonio. A menudo son inducidos a retrasar las nupcias por problemas de tipo económico, laboral o de estudio. Otras veces por otros motivos, como la influencia de las ideologías que devalúan el matrimonio y la familia, la experiencia del fracaso de otras parejas a la que ellos no se quieren exponer, el temor a algo que consideran demasiado grande y sagrado, las oportunidades de la convivencia, una concepción meramente emotiva y romántica del amor, el miedo a perder la libertad y la autonomía, el rechazo de algo concebido como institucional y burocrático."[10]

A partir de las dimensiones de la persona humana, elegir la familia como base es esencial para mantener los valores del amor, de la verdad y de la libertad en Dios, con

---

e da morte" en CELAM, *Texto conclusivo da V Conferência Geral do Episcopado Latino-Americano e do Caribe, Documento de Aparecida*, Paulus, São Paulo 2007, n.44 (trad. nuestra).

[9] SÍNODO DE LOS OBISPOS, XIV Asamblea General Ordinaria, *La vocación y la misión de la familia en la Iglesia y en el mundo contemporáneo.* (Relatio Finalis), San Pablo, Madrid 2015, n.29.

[10] Ibid, p. 46.

sólidos fundamentos de espiritualidad y de reconocimiento de su propia existencia, y conscientes de su valor y vocación.

> "Los jóvenes bautizados deben ser estimulados a no dudar ante la riqueza que aporta a sus proyectos de amor el sacramento del matrimonio, animados por el sostén que reciben de la gracia de Cristo y la posibilidad de participar plenamente en la vida de la Iglesia. Por ello es necesario discernir más atentamente los motivos profundos de la renuncia y del desaliento. Los jóvenes pueden adquirir mayor confianza con relación a la opción matrimonial gracias a aquellas familias que, en la comunidad cristiana, les ofrecen el ejemplo fidedigno de un testimonio duradero en el tiempo."[11]

La Exhortación Apostólica *Amoris laetitia*, como fruto de un camino recorrido de reflexión y estudios en el Sínodo de la Familia, es presentada por el Papa Francisco y señala la necesidad de "encontrar las palabras, las motivaciones y los testimonios que nos ayuden a tocar las fibras más íntimas de los jóvenes, allí donde son más capaces de generosidad, de compromiso, de amor e incluso de heroísmo, para invitarles a aceptar con entusiasmo y valentía el *desafío del matrimonio*."[12]

I.1.1. *El contexto sociocultural*[13]

La gente de nuestro tiempo se desenvuelve en un ambiente cada vez más instrumentalizado y controlado por la economía, los medios de comunicación masiva y la fragmentación de las políticas públicas y del bien común: "[...] es fácil percibir que

---

[11] Ibid, n. 29, p.47

[12] P. FRANCISCO, *La Alegría del amor. Exhortación apostólica Amoris Laetitia.* EDIBESA, Madrid 2016, n. 40.

[13] Cfr. SÍNODO DE LOS OBISPOS, XIV Asamblea General Ordinaria, *La vocación y la misión de la familia en la Iglesia y en el mundo contemporáneo.* (Relatio Finalis), San Pablo, Madrid 2015, n. 6(5).

también la escala de valores, propia de un mundo pre industrializado y predominantemente agrario, ya no responde a los anhelos del mundo moderno. Los valores religiosos, familiares y de modo general éticos son profundamente cuestionados [...]."[14] Con ello:

> "El cambio antropológico-cultural hoy influye en todos los aspectos de la vida y requiere un enfoque analítico y diversificado [...] hay que considerar el creciente peligro que representa un individualismo exasperado que desvirtúa los vínculos familiares y acaba por considerar a cada componente de la familia como una isla, haciendo que prevalezca, en ciertos casos, la idea de un sujeto que se construye según sus propios deseos asumidos con carácter absoluto. A esto se añade la crisis de la fe que afecta a tantos católicos y que a menudo esta en el origen de las crisis del matrimonio y de la familia."[15]

Así tenemos un diagnóstico de un tiempo en que lo individual tiene más respaldo en esta sociedad en detrimento de lo colectivo, de los proyectos comunitarios, de la perspectiva solidaria de los seres humanos y del desarrollo socio comunitario. Es en este contexto donde localizamos a la juventud actual:

> "Para librarse de la vergüenza de ser dejado atrás, de quedar atrapado en algo con lo que nadie más quiere ser visto, de ser atrapado y de perder el tren del progreso en vez de viajar en él, usted debe tener en mente que es de la naturaleza de las cosas exigir vigilancia, no lealtad. En el mundo líquido-moderno, la lealtad es motivo de vergüenza, no de orgullo. Conéctate a tu proveedor de Internet por la mañana temprano y la principal noticia del día te recordará de esa verdad desnuda y cruda:

[14] "[...] é fácil perceber que também a *escala de valores*, própria de um mundo pré-industrializado e predominantemente agrário, já não responde aos anseios do mundo moderno. Valores religiosos, familiares e de modo geral éticos são profundamente questionados [...]". En A. MOSER, *O pecado: do descrédito ao aprofundamento*, Vozes, Petrópolis 1996, p. 18 (trad. nuestra).

[15] SÍNODO DE LOS OBISPOS, XIV Asamblea General Ordinaria, *La vocación y la misión de la familia en la Iglesia y en el mundo contemporáneo.* (Relatio Finalis), San Pablo, Madrid 2015, n. 6(5).

"¿Con vergüenza de tu móvil? ¿Será que este es tan viejo que usted se avergüenza al contestar una llamada? "El lado negativo del orden de" hacer una actualización "a un celular" consumidoristicamente correcto "es, con certeza, la exigencia de no volver a ser visto portando aquel para el cual usted se siente orgulloso. se actualizó la última vez."[16]

Por lo tanto, ante el tiempo de transformaciones tan grandes que vivimos en la cultura y la vida humana, a los jóvenes compete construir nuevas perspectivas para responder a los desafíos y mantenerse en los principios y continuidad de la familia cristiana.

I.1.2. *Las transformaciones antropológicas*[17]

El Sínodo de la Familia hace una reflexión en la antropología de la familia que tiene en cuenta la realidad que, ante todo, significa un cambio de paradigmas jamás visto. También en el ámbito de la sociología de la familia considera la importancia de la familia, hoy, en los diversos campos de la vida humana.

Los valores subjetivos son evidenciados como recurso que motiva más al individualismo que a la vida y la acción en comunidad: "Las causas son numerosas. El desarrollo técnico-científico, que tan profundamente marca nuestra realidad, hace

[16] "Para se livrar do embaraço de ser deixado para trás, de ficar preso a algo com o qual ninguém mais quer ser visto, de ser pego cochilando e de perder o trem do progresso em vez de viajar nele, você deve ter em mente que é da natureza das coisas exigir vigilância, não lealdade. No mundo líquido-moderno, a lealdade é motivo de vergonha, não de orgulho. Conecte-se a seu provedor de internet de manhã bem cedo e a principal notícia do dia vai lembrá-lo daquela verdade nua e crua: "Com vergonha de seu celular? Será que este é tão velho que você fica envergonhado ao atender uma chamada? Faça um *upgrade* para um aparelho do qual você possa se orgulhar." O lado negativo da ordem de "fazer um *upgrade*" para um celular *"consumidoristicamente* correto" é, com certeza, a exigência de não voltar a ser visto portando aquele para o qual você fez um *upgrade* da última vez." Em Z. BAUMANN, *Vida Líquida*, Jorge Zahar Editora, Rio de Janeiro 2007, p. 17 (trad. nuestra)

[17] Cfr. SÍNODO DE LOS OBISPOS, XIV Asamblea General Ordinaria, *La vocación y la misión de la familia en la Iglesia y en el mundo contemporáneo.* (Instrumentum laboris), San Pablo, Madrid 2015, n.7.

siempre más claro que, en el bien o en el mal, el futuro depende de nuestra capacidad y voluntad de hacer elecciones válidas."[18]

Se nota, en los datos ya estudiados en cuanto a la moral conyugal y la moral de la sexualidad sobre la vida y el amor humano, que en las últimas décadas, aparece una creciente separación de los aspectos de vida conyugal, de la sexualidad y de la procreación.

> "El desarrollo de las sociedades de consumo ha separado la sexualidad de la procreación. También ésta es una de las causas del descenso de la natalidad. En algunos contextos, dicho descenso está vinculado a la pobreza o a la imposibilidad de sustentar a la prole; en otros está vinculado con la dificultad para asumir responsabilidades y con la percepción de que los hijos podrían limitar el propio desarrollo personal."[19]

De hecho es visible la gran influencia de las políticas públicas dedicadas al reconocimiento de la vida sexual de los jóvenes y adolescentes, separadas de la vida conyugal y matrimonial y, con ello, la motivación al individualismo y la satisfacción de los deseos, pues debido al miedo de no asumir compromisos definitivos y constituir familia[20] "se percibe la difusión de un individualismo extremo [...] que no conduce a la plena realización de la persona."[21]

---

[18] "As causas são numerosas. O desenvolvimento técnico-científico, que tão profundamente marca a nossa realidade, torna sempre mais claro que, no bem ou no mal, o futuro depende de nossa capacidade e vontade de fazer escolhas válidas". En S. MAJORANO, *A consciência, Uma visão cristã,* Editora Santuário, Aparecida 2000, p. 7 (trad. nuestra).

[19] SÍNODO DE LOS OBISPOS, XIV Asamblea General Ordinaria, *La vocación y la misión de la familia en la Iglesia y en el mundo contemporáneo.* (Instrumentum laboris), San Pablo, Madrid 2015, n.7.

[20] Cfr. Ibid.

[21] Ibid.

Algunos reflejos de lo que ocurre en nuestro tiempo, ya habían sido señalizados por el Papa Pablo VI en la *Humanae vitae*[22] cuando defendía indudablemente la íntima relación del acto conyugal con los aspectos unitivo y procreativo.

Sabiamente dice el Papa que "Efectivamente, el acto conyugal, por su íntima estructura, mientras une profundamente a los esposos, los hace aptos para la generación de nuevas vidas, según las leyes inscritas en el ser mismo del hombre y de la mujer"[23], y por consiguiente: "Salvaguardando ambos aspectos esenciales, unitivo y procreador, el acto conyugal conserva íntegro el sentido de amor mutuo y verdadero y su ordenación a la altísima vocación del hombre a la paternidad."[24]

Entretanto, hoy vivimos en una sociedad que se configura ajena a estas enseñanzas y consiguientemente, se valora poco el matrimonio en sus principios, pues "Solo una minoría vive, sostiene y propone la enseñanza de la Iglesia Católica sobre el matrimonio y la familia, reconociendo en la misma la bondad del proyecto creador de Dios. Los matrimonios, religiosos o no, disminuyen y el número de las separaciones y de los divorcios sigue creciendo."[25]

Es evidente, ante este cuadro contextual que se destaca la creciente valoración de los derechos humanos, de la igualdad de género, del respecto a las diferentes personas en las relaciones sociales, pero a la vez se nota un gradual abandono de las relaciones familiares originarias, contraponiéndolas a las relaciones colectivas en general, en nombre de una evolución humana y social dentro de perspectivas ideológicas.

> "Se van difundiendo el reconocimiento de la dignidad de toda persona, hombre, mujer o niño, así como la toma de conciencia de la importancia de las diversas etnias y minorías; aspectos, estos últimos, que ya están

---

[22] P. PABLO VI, *Humanae Vitae*, in. *Humanae Vitae* (Documento y Reflexiones de los Papas Pablo VI, Juan Pablo II, Benedicto XVI y Francisco), Palabra, Madrid 2018.

[23] Ibid, n. 12.

[24] Ibid, n. 12.

[25] SÍNODO DE LOS OBISPOS, XIV Asamblea General Ordinaria, *La vocación y la misión de la familia en la Iglesia y en el mundo contemporáneo.* (Instrumentum laboris), San Pablo, Madrid 2015, n.7.

difundidos en muchas sociedades, no solo occidentales, y que se están consolidando en otros muchos países."[26]

También en relación a los jóvenes de nuestro tiempo, hay un significativo potencial de crítica y de oposición a conceptos y normas pues ellos, como sujetos en construcción, anhelan ser protagonistas de una nueva realidad, pero ésta se ve influenciada por intervenciones en el campo social, económico, político y religioso. En el campo religioso ellos se sienten probados en su fe.

I.1.3. *Las convivencias*[27]

Comprender a la juventud en un tiempo de *cambio de época*[28] significa mirar hacia esta realidad que, para mostrar los criterios recomendados por el Maestro, hay que ampliar los horizontes, con la clara conciencia de los desafíos y al mismo tiempo, con propuestas que correspondan a los anhelos más profundos del ser humano, en especial de los jóvenes.

Ante las realidades más diversas vividas por los jóvenes en el ámbito de las relaciones, están las *convivencias.* Ellas se abren a la juventud como una alternativa, pero nos exigen acercarnos a ellos para presentarles lo que puede, de hecho, conformar sus vidas en la verdad del amor, o sea, el logro del matrimonio sacramental.

Lo cierto es que, en la actualidad, hay un alejamiento del ideal de vida propuesto por recomendación cristiana y, por eso, tenemos la siguiente constatación:

---

[26] Ibid.

[27] Cfr. SÍNODO DE LOS OBISPOS, III Asamblea General Ordinaria, *Desafíos pastorales de la familia en el contexto de la evangelización* (Instrumentum Laboris), San Pablo, Madrid 2014, n.81.

[28] Cfr. CELAM, *Texto conclusivo da V Conferência Geral do Episcopado Latino-Americano e do Caribe, Documento de Aparecida*, Paulus, São Paulo 2007, n.44 (trad. nuestra).

- Que actualmente, en los varios países, las parejas "conviven *ad experimentum*, sin matrimonio ni canónico ni civil y sin ningún registro"[29] y con ello, "no se trata de un "experimento", o sea, de un período de prueba, sino de una forma estable de vida"[30], como es vista en los países de Europa y América. Por consiguiente, "a veces, la boda tiene lugar después del nacimiento del primer hijo, de modo que se celebran a la vez nupcias y bautismo"[31];

- Conforme estadísticas se notan una "alta frecuencia de esta realidad"[32], con "una cierta diferencia entre zonas rurales (convivencias más escasas) y zonas urbanas (por ejemplo en Europa, Asia y América Latina).[33]" Es evidente que la convivencia "es más común en Europa y en América del Norte, en crecimiento en América Latina, casi inexistente en los países árabes, menor en Asia"[34];

- Que tenemos realidades bien distintas en las diversas regiones. En América Latina "la convivencia es más bien una costumbre rural, integrada a la cultura indígena (*servinacuy*: matrimonio a prueba)"[35]; en África "se practica el matrimonio por etapas, vinculado a la comprobación de la fecundidad de la mujer, que implica una especie de vínculo entre las dos familias en cuestión"[36]; y en la Europa, de manera general "las situaciones de la convivencia son muy diversas; en algunas partes, a veces se nota el influjo de la ideología marxista; en otras partes, se configura como una opción moral justificada."[37]

---

[29] SÍNODO DE LOS OBISPOS, III Asamblea General Ordinaria, *Desafíos pastorales de la familia en el contexto de la evangelización* (Instrumentum Laboris), San Pablo, Madrid 2014, n.81.

[30] Ibid.

[31] Ibid.

[32] Ibid.

[33] Ibid.

[34] Ibid.

[35] Ibid.

[36] SÍNODO DE LOS OBISPOS, III Asamblea General Ordinaria, *Desafíos pastorales de la familia en el contexto de la evangelización* (Instrumentum Laboris), San Pablo, Madrid 2014, n.81.

[37] Ibid.

- Que la convivencia resulta de muchas razones sociales, y entre ellas: "políticas familiares inadecuadas para sostener a la familia; problemas financieros; el desempleo juvenil; la falta de vivienda."[38] Por ello "se suele postergar la boda" y además, "también tiene un papel el temor al compromiso que conlleva acoger a los hijos (en particular en Europa y en América Latina)".[39]

- Que fundamentalmente, en la concepción de convivencia "permite 'poner a prueba' el éxito del matrimonio, antes de celebrar las nupcias."[40] Hay otros factores que explican esta realidad, como "la escasa formación sobre el matrimonio"[41] y la "la posibilidad de vivir juntos sin ninguna decisión definitiva o que comprometa a nivel institucional [...]".[42]

La realidad presentada por las convivencias en las diversas áreas del mundo demuestra que estamos ante el desafío de superar a una sociedad que "crea un sujeto que se construye según sus propios deseos asumidos con carácter absoluto". La Iglesia no queda estancada ante este problema y, porque cree en el deseo que está en el corazón de los jóvenes, continua ayudándoles en el discernimiento vocacional.

I.1.4. *La familia como recurso insustituible de la sociedad*[43]

Ante todo el paradigma en que vivimos en el mundo contemporáneo, la Iglesia persevera en anunciar y creer en el valor de la familia. Ella sigue siendo este *recurso*

---

[38] Ibid.

[39] Ibid.

[40] Ibid.

[41] Ibid.

[42] Ibid.

[43] Cfr. SÍNODO DE LOS OBISPOS, III Asamblea General Ordinaria, *Desafíos pastorales de la familia en el contexto de la evangelización* (Instrumentum laboris), San Pablo, Madrid 2014, n.11.

insustituible de la sociedad mediante el cual se construye la sociedad basada en valores irrenunciables para la vida humana y social

> "La familia sigue siendo en la actualidad el pilar fundamental e irrenunciable de la vida social, y lo seguirá siendo siempre. En efecto, en ella conviven múltiples diferencias, a través de las cuales se estrechan relaciones, se crece en relación a las generaciones y en la mutua acogida de las mismas. Precisamente así la familia representa un valor fundante y un recurso insustituible para el desarrollo armónico de toda sociedad humana, según lo que afirma el Concilio: 'La familia es escuela del más rico humanismo [...] es el fundamento de la sociedad' (GS 52). En las relaciones familiares, conyugales, filiales y fraternas, todos los miembros de la familia establecen vínculos firmes y gratuitos, en la concordia y en el respeto recíproco, que permiten superar el peligro del aislamiento y de la soledad."[44]

Se nota, por lo tanto, en la realidad que estudiamos, la perspectiva de la juventud según la mirada del Sínodo de la Familia y *Amoris laetitia.* El próximo apartado será dedicado al contexto en que viven hoy los jóvenes de acuerdo con la recién anunciada Exhortación Apostólica *Christus vivit.* Será posible mirar y constatar que en la vida juvenil sus sueños y proyectos están muy vivos!

I.2. En el Sínodo de la Juventud y *Christus vivit*

Vivimos hoy un contexto complejo y líquido y, en la "fluidez de los líquidos", las "razones para considerar "fluidez" o "liquidez" como metáforas adecuadas cuando

[44] SÍNODO DE LOS OBISPOS, XIV Asamblea General Ordinaria, *La vocación y la misión de la familia en la Iglesia y en el mundo contemporáneo.* (Instrumentum laboris), San Pablo, Madrid 2015, n.11.

queremos captar la naturaleza de la presente fase, que se demuestra nueva de muchas maneras."[45]

Con ello, se revelan los retratos de "juventudes", como afirmamos en el Brasil, o sea, diversos grupos sociales de jóvenes que se auto determinan en la sociedad, que de diversas formas asumen papeles y se socializan o no en sus ambientes diversos, pero que de manera general "El tiempo de la juventud es el momento de transformaciones corporales y afectivas y de construcción de identidades en el que la clase de amigos cumple un papel significativo en la construcción de subjetividades positivas."[46]

En este eje, conforme iremos estudiar en la Exhortación Apostólica *Christus vivit,* la juventud posee muchos valores y conlleva en sí bastante determinación. Entretanto, hace falta rescatar en la cultura estos muchos valores que acompañan la persona humana e incluso a los jóvenes, por ejemplo, en el valor de la libertad muy presente en nuestros tiempos. Todavía:

> "Nacemos con capacidad para la libertad, pero la capacidad de usar nuestra libertad para el bien requiere formación y trabajo personal. La virtud es condición previa para la cultura. Debemos aprender las virtudes cardinales que permiten que florezca nuestra humanidad: prudencia, justicia, fortaleza y templanza. Cuando una cultura deja de valorar la virtud, y deja de transmitir a la siguiente generación lo que es apropiado, probado, verdadero y precioso –por ejemplo, la crianza y la educación-, está cavando su propia tumba. Todavía hay libertad, y aún nos es demasiado tarde para defenderla."[47]

Incluso ante un cierto marasmo aplicado sobre la persona del joven y cierta desconfianza, sigue siendo agente de cambio y de inquietud, de conflicto y de

---

[45] Cfr. Z. BAUMANN, *Modernidade líquida*, Jorge Zahar Editora, Rio de Janeiro 2001, p.9, trad. nuestra.

[46] "O tempo da juventude é o momento de transformações corporais e afetivas e de construção de identidades no qual a turma de amigos cumpre papel significativo na construção de subjetividades positivas". A.K. BRENNER, J. DAYRELL, P. CARRANO, *Culturas do lazer e do tempo livre dos jovens brasileiros*, en H.W. ABRAMO, P.P.M BRANCO, (Orgs), *Retratos da Juventude Brasileira*, Instituto Cidadania/ Editora Fundação Perseu Abramo, São Paulo 2003, p. 209, trad. nuestra)

[47] G. KUBY, *La revolución sexual global. La destrucción de La libertad en nombre de la libertad*, Didaskalos, Madrid 2017, p. 47-48.

reestructuración, en que una concienciación bien concreta puede garantizar espacio para lo nuevo: "la concientización capacita la persona [...]; es contra todo intento de manipulación, de adoctrinamiento o de domesticación de la persona."[48] En consecuencia tendremos sujetos más participativos, autónomos y emancipados, en la vida y en la fe:

> "Vemos que la evangelización no tiene como oponerse a la concientización. Una evangelización concientizadora se convierte en el camino ideal para el desarrollo de una madurez crítica y de un ser responsable. Ella requiere un hombre despierto, crítico y responsable, creativo y abierto, capaz de re-situar permanentemente su lugar y el sentido de los acontecimientos. Surgen "el hombre y la mujer nuevos", marcados por una fe responsable, conscientes de su misión y de su compromiso en un tiempo y en un espacio. Así, el cristiano ciertamente contribuirá a la realización de la obra creadora de Dios."[49]

Entonces, los nuevos individuos están presentes en este mundo en cambios y cada vez más complejo, exigente y provocador. *Christus vivit* destaca esta realidad que demuestra que los jóvenes, imbuidos de nueva conciencia y convicciones, mantienen la autonomía de sus proyectos y anhelos, en el diálogo y en la relación con el mundo y los demás sujetos, siempre nuevas perspectivas de conservación de su identidad y conciencia en medio de la civilización que habitan. Es lo que ocurre con el deseo de constituir familia y vivir en el matrimonio.

---

[48] "a conscientização capacita a pessoa [...]; é contra toda tentativa de manipulação, de doutrinação ou de domesticação da pessoa", en N. AGOSTINI, *Teologia Moral*: o que você precisa viver e saber, Vozes, Petrópolis 2007, p. 111 (trad. nuestra).

[49] "Vemos que a evangelização não tem como se opor à conscientização. Uma evangelização conscientizadora torna-se o caminho ideal para o desabrochar de uma maturidade crítica e de um ser responsável. Ela requer um homem desperto, crítico e responsável, criativo e aberto, capaz de re-situar permanentemente seu lugar e o sentido dos acontecimentos. Surgem "o homem e a mulher novos", marcados por uma fé responsável, conscientes de sua missão e de seu engajamento num tempo e num espaço. Assim, o cristão certamente contribuirá para a realização da obra criadora de Deus." En N. AGOSTINI, *Teologia Moral*: o que você precisa viver e saber, Vozes, Petrópolis 2007, p. 131 (trad. nuestra).

I.2.1. *Una Iglesia atenta a los signos de los tiempos*[50]

En el Documento Final del Sínodo de los Obispos *Los jóvenes, la fe y el discernimiento vocacional*, leemos: "Para muchos jóvenes Dios, la religión y la Iglesia son palabras vacías, en cambio son sensibles a la figura de Jesús, cuando viene presentada de modo atractivo y eficaz. De muchas maneras también los jóvenes de hoy nos dicen: 'Queremos ver a Jesús' (Jn 12,21)."[51]

En *Christus vivit* el Papa Francisco habla de esta realidad y añade: "Por eso es necesario que la Iglesia no esté demasiado pendiente de sí misma sino que refleje sobre todo a Jesucristo. Esto implica que reconozca con humildad que algunas cosas concretas deben cambiar, y para ello necesita también recoger la visión y aun las críticas de los jóvenes."[52]

Esta constatación es presentada por el Papa Francisco, traduciendo en las palabras de los Obispos reunidos en el Sínodo, las inquietudes de los jóvenes hoy. Es un primer paso del análisis que hace en *Christus vivit*, acercándose al hecho de que muchos jóvenes no comprenden el mensaje de la Iglesia. En este escenario podemos decir que están las enseñanzas de la Iglesia respecto a la vida de la familia y el matrimonio.

I.2.2. *Ustedes son el ahora de Dios*[53]

El Papa Francisco destaca que "no podemos decir solo que los jóvenes son el futuro del mundo. Son el presente, lo están enriqueciendo con su aporte."[54] Esta visión

---

[50] Cfr. P. FRANCISCO, *Vive Cristo. Exhortación apostólica Christus vivit.* San Pablo, Madrid 2019, n. 39.

[51] SÍNODO DE LOS OBISPOS, XV Asamblea General Ordinaria, *Los jóvenes, la fe y el discernimiento vocacional.* (Documento Final), San Pablo, Madrid 2018, n. 50.

[52] P. FRANCISCO, *Vive Cristo. Exhortación apostólica Christus vivit.* San Pablo, Madrid 2019, n. 39.

[53] Cfr. Ibid, Capítulo Tercero, p. 39-68.

[54] P. FRANCISCO, *Vive Cristo. Exhortación apostólica Christus vivit.* San Pablo, Madrid 2019, n. 64.

de ellos es concreta porque considera su historia y les comprende en el momento presente:

> "Un joven ya no es un niño, está en un momento de la vida en que comienza a tomar distintas responsabilidades, participando con los adultos en el desarrollo de la familia, de la sociedad y de la Iglesia. Pero los tiempos cambian, y resuena la pregunta: ¿Como son los jóvenes hoy, qué les pasa ahora?"[55]

Además, el Papa Francisco advierte de la existencia de varias características y perfiles en que podemos visualizar a los jóvenes de hoy. Explica en *Christus vivit* lo que los obispos constataron al escuchar a los jóvenes, que éstos se presentan al mundo en una realidad plural y compleja.[56]

La perspectiva es de *muchas juventudes*[57], al destacar lo que dice el documento final del Sínodo de la Juventud: "Existe una pluralidad de mundos juveniles, tanto es así que en algunos países se tiende a utilizar el término "juventud" en plural. Además, la franja de edad considerada por este Sínodo (16-29 años) no representa un conjunto homogéneo, sino que está compuesta por grupos que viven situaciones peculiares"[58]. Así es, como vimos, en Brasil, donde muchas son las interpretaciones.

---

[55] Ibid.

[56] Cfr. Ibid, n. 68.

[57] Cfr. Ibid.

[58] SÍNODO DE LOS OBISPOS, XV Asamblea General Ordinaria, *Los jóvenes, la fe y el discernimiento vocacional.* (Documento Final), San Pablo, Madrid 2018, n. 10.

I.2.3. *Jóvenes de un mundo en crisis*[59]

Entre las diversas situaciones vividas en este tiempo de crisis y de contra-valores, destacamos lo que se indica en la Exhortación Apostólica y que toca a la juventud y sus cuestiones respecto a la familia, ya señalados en *Amoris laetitia:*

> "Algunos jóvenes "sienten las tradiciones familiares como oprimentes y huyen de ellas impulsados por una cultura globalizada que a veces los deja sin puntos de referencia. En otras partes del mundo, en cambio, entre jóvenes y adultos no se da un verdadero conflicto generacional, sino una extrañeza mutua. A veces los adultos no tratan de transmitir los valores fundamentales de la existencia o no lo logran, o bien asumen estilos juveniles, invirtiendo la relación entre generaciones."[60]

Estas problemáticas frente al mundo juvenil ocurren al mismo tiempo en que ellos buscan reafirmar sus anhelos y deseos. Mientras viven en un período de crisis y conflictos, el mundo también vive los cambios y transformaciones. ¡Es un gran desafío!

I.2.4. *Deseos, heridas, búsquedas*[61]

Christus vivit habla de problemas variados que viven los jóvenes actualmente. Destacamos las situaciones más importantes para nuestro análisis, que se refieren a temas relacionados con la moral sexual, con la ética y la antropología, cuestiones que nos ayudarán a mirar el conflicto de los jóvenes con el matrimonio.

---

[59] Cfr. P. FRANCISCO, *Vive Cristo. Exhortación apostólica Christus Vivit.* San Pablo, Madrid 2019, n. 72-80.

[60] P. FRANCISCO, *Vive Cristo. Exhortación apostólica Christus Vivit.* San Pablo, Madrid 2019, n. 80.

[61] Cfr. P. FRANCISCO, *Vive Cristo. Exhortación apostólica Christus vivit.* San Pablo, Madrid 2019, n. 81-85

En primero lugar, "Los jóvenes reconocen que el cuerpo y la sexualidad tienen una importancia esencial para su vida y en el camino de crecimiento de su identidad."[62] Es de hecho, lo que resalta *Christus vivit* de este "mundo que enfatiza excesivamente la sexualidad"[63], y por ello, "es difícil mantener una buena relación con el propio cuerpo y vivir serenamente las relaciones afectivas"[64].

Christus vivit concluye este aspecto de la moral sexual, ya destacados en el Documento Final del Sínodo (DF 39), que:

> "… suele ser muchas veces "causa de incomprensión y de alejamiento de la Iglesia, ya que se percibe como un espacio de juicio y de condena." Al mismo tiempo, los jóvenes expresan 'un explícito deseo de confrontarse sobre las cuestiones relativas a la diferencia entre identidad masculina y femenina, a la reciprocidad entre hombres y mujeres, y a la homosexualidad.'"[65]

En segundo lugar, se nota la preocupación por las cuestiones éticas y antropológicas en cuanto a los avances de las ciencias, de la tecnología y de la medicina, temas que representan gran parte de las inquietudes de los jóvenes. Esta constatación en los estudios del Sínodo (DF 35) es destacada en *Christus vivit*:

> "En nuestro tiempo 'los avances de las ciencias y de las tecnologías biomédicas inciden sobre la percepción del cuerpo, induciendo a la idea de que se puede modificar sin límite. La capacidad de intervenir sobre el ADN, la posibilidad de insertar elementos artificiales en el organismo

---

[62] P. FRANCISCO, *Vive Cristo. Exhortación apostólica Christus vivit.* San Pablo, Madrid 2019, n.81.

[63] Ibid.

[64] Ibid.

[65] Ibid.

(cyborg) y el desarrollo de las neurociencias constituyen un gran recurso, pero al mismo tiempo plantean interrogantes antropológicos y éticos'."[66]

La Exhortación llama la atención hacia esta realidad, pues los avances de las ciencias y de las tecnologías biomédicas "Pueden llevarnos a olvidar que la vida es un don, y que somos seres creados y limitados, que fácilmente podemos ser instrumentalizados por quienes tienen el poder tecnológico." [67]

I.2.5. *No renuncien a lo mejor de su juventud…*[68]

Ante la realidad expuesta, en la Exhortación Apostólica *Christus vivit* el Papa Francisco comunica a los jóvenes con un lenguaje claro y objetivo, lo que concierne a su tarea en el mundo su poder transformador a nivel social, y a la vez, en nivel humano y personal:

> "Jóvenes, no renuncien a lo mejor de su juventud, no observen la vida desde un balcón. No confundan la felicidad con un diván ni vivan toda su vida detrás de una pantalla. Tampoco se conviertan en el triste espectáculo de un vehículo abandonado. No sean autos estacionados, mejor dejen brotar los sueños y tomen decisiones. Arriesguen, aunque se equivoquen. No sobrevivan con el alma anestesiada ni miren el mundo como si fueran turistas." [69]

[66] P. FRANCISCO, *Vive Cristo. Exhortación apostólica Christus vivit.* San Pablo, Madrid 2019, n. 82

[67] Ibid.

[68] Ibid, n. 143

[69] Ibid.

El Papa Francisco motiva a los jóvenes a posicionarse, frente a su tiempo, con ganas, expectativas y entusiasmo: "¡Hagan lío! Echen fuera los miedos que los paralizan, para que no se conviertan en jóvenes momificados. ¡Vivan! ¡Entréguense a lo mejor de la vida! ¡Abran la puerta a la jaula y salgan a volar! Por favor, no se jubilen antes de tiempo." [70]

I.2.6. *La vocación al matrimonio: El amor y la familia*[71]

En este apartado presentamos el rico contenido que *Christus vivit* ofrece a los jóvenes en cuanto al discernimiento vocacional y evidenciamos la vocación al matrimonio, en estos aspectos de la Exhortación Apostólica.

a. La llamada al amor

Los jóvenes desean encontrar la persona adecuada para formar familia. El amor es una vocación, una llamada de Dios.[72]

b. Hombre y mujer: una sola carne, una sola vida

En la llamada del Señor está la vocación a formar una sola carne y una sola vida, un don para seguir *juntos* y *seguros* en la gracia del sacramento del matrimonio.[73]

---

[70] Ibid.

[71] Cfr. P. FRANCISCO, *Vive Cristo. Exhortación apostólica Christus vivit.* San Pablo, Madrid 2019, n. 259-267

[72] Cfr. Ibid, n. 259.

[73] Cfr. Ibid, n. 260.

c. La *diferenciación sexual:* un don de Dios.

La sexualidad, dentro de la vocación al matrimonio, es un don de Dios y tiene dos propósitos: amarse y generar vida. El verdadero amor reside en esta donación de cuerpo y alma.[74]

d. La familia: referencia a los jóvenes

Destaca el Papa Francisco a la familia como "el principal punto de referencia para los jóvenes"[75] y que "los hijos aprecian el amor y el cuidado de los padres, dan importancia a los vínculos familiares y esperan lograr a su vez formar una familia"[76], conforme ya estudiamos en un apartado anterior, cuando hablamos de la familia, recurso insustituible de la sociedad.[77]

e. Vale la pena apostar por la familia

Formar una nueva familia es un desafío que vale la pena a los jóvenes. El amor compartido, vivido en serio, supera la vida individualista, el aislamiento y la soledad.[78]

f. Asumir responsabilidades y capacidad de amar verdaderamente

Comprometerse para toda la vida y hacer opciones definitivas es posicionarse contra la cultura de lo provisional. Por ello, los jóvenes son capaces de asumir responsabilidades y optar por el matrimonio.[79]

---

[74] Cfr. Ibid, n. 261.

[75] P. FRANCISCO, *Vive Cristo. Exhortación apostólica Christus Vivit.* San Pablo, Madrid 2019, n. 262.

[76] Ibid.

[77] Cfr. P. FRANCISCO, *Vive Cristo. Exhortación apostólica Christus Vivit.* San Pablo, Madrid 2019, n. 262.

[78] Cfr. Ibid, n. 263.

[79] Cfr. Ibid, n. 264.

g. Prepararse para el matrimonio

Es necesario prepararse para el matrimonio. Esto implica educarse, cultivar las virtudes, educar la propia sexualidad y, con ello, entregarse plenamente, con generosidad.[80]

h. La gracia de Cristo para el matrimonio

Cristo ayuda a los conyuges, a través de la gracia, para realizar el proyecto de la vida matrimonial de acuerdo con el plan de Dios.[81]

i. La vocación bautismal: primera vocación

La vocación más importante es la vocación bautismal. Incluso los solteros, si no son intencionales, pueden testimoniar esta vocación en el camino personal.[82]

Estos aspectos se revelan importantes indicativos para la vocación al matrimonio en los jóvenes y, con ello, la vivencia del amor en la familia, respondiendo a la llamada radical al amor que está presente y es el deseo de los jóvenes.

I.2.7. *El discernimiento vocacional: escucha y acompañamiento*[83]

Al final de *Christus vivit*, el Papa Francisco presenta a los jóvenes el camino del discernimiento en el acompañamiento, tan necesario, de sus vocaciones y, por eso, "Hay sacerdotes, religiosos, religiosas, laicos, profesionales, e incluso jóvenes capacitados,

[80] Cfr. Ibid, n. 265.

[81] Cfr. Ibid, n. 266.

[82] Cfr. Ibid, n. 267.

[83] Cfr. P. FRANCISCO, *Vive Cristo. Exhortación apostólica Christus vivit.* San Pablo, Madrid 2019, n. 291-298.

que pueden acompañar a los jóvenes en su discernimiento vocacional."[84] La exhortación habla de la importancia de la escucha: "Cuando nos toca ayudar a otro a discernir el camino de su vida, lo primero es escuchar".[85]

Este camino, el de la preparación al matrimonio, debe ser "un camino de libertad que hace aflorar eso único de cada persona, eso que es tan suyo, tan personal, que solo Dios conoce. Los otros no pueden ni comprender plenamente ni prever desde fuera cómo se desarrollará."[86] Por ello: "Hay que suscitar y acompañar procesos, no imponer trayectos. Y son procesos de personas que siempre son únicas y libres. Por eso es difícil armar recetarios, aun cuando todos los signos sean positivos"[87]

I.3. Consideraciones

Buscamos comprender el proceso que vive el sujeto en formación desde una perspectiva crítica y dentro de un contexto vital más amplio, la sociedad, lugar donde "El hombre tiene el derecho de actuar con conciencia y en libertad, a fin de tomar personalmente las decisiones morales" (CEC 1782) y a la luz de la mirada eclesial sobre los jóvenes en la actualidad. Hay que constatar que:

> "La verdadera realización es posible sólo en la búsqueda del bien. Vivimos en una era en que el mal está siendo banalizado, y se convierte en un elemento de lo cotidiano. Nuestros telediarios, sitios web están tan repletos de noticias de actos de crueldad que la maldad se ha vuelto algo normal. Los jóvenes, dentro de ese proceso, se vuelven insensibles al mal e, incluso, atraídos, porque, en gran parte de las veces, el malhechor no

[84] P. FRANCISCO, *Vive Cristo. Exhortación apostólica Christus vivit.* San Pablo, Madrid 2019, n. 291.

[85] Ibid, n. 291.

[86] Ibid, n. 295.

[87] Ibid, n. 297.

es castigado e incluso resulta realizado, admirado. Basta observar a los jefes del tráfico en grandes favelas que poseen gran poder y dominio sobre los miembros de esa comunidad. En el proceso de formación, hay que revertir esta tendencia y hacer que el joven perciba que el bien realmente vale la pena."[88]

Refiriéndonos a la formación de la juventud y la familia, es fundamental que este público comprenda que alcanzar una conciencia autónoma y emancipada, tornarse sujeto y protagonista en medio de la sociedad, trae en sí la fuerza y el dinamismo de quien camina para la construcción de un mundo mejor. En el Catecismo Joven de la Iglesia Católica, el YOUCAT, Mons. Eduardo Pinheiro da Silva, obispo responsable por el Sector Juventud en la Conferencia Episcopal de la Pastoral Juvenil de la CNBB, afirma en su Posfacio:

> "La Iglesia, experta en humanidad, ha mirado con mucho cariño y atención a la vida de sus jóvenes hijos. Sabe que, en sus manos, no sólo está el compromiso de la construcción de nuevos tiempos, sino sobre todo, la belleza y la profecía que conllevan para tornar la vida siempre con cara de primavera. Reconoce, también, que esta hermosa juventud se siente impulsada y cautivada por los nuevos tiempos; tiempos de nuevos lenguajes y con una cultura fascinante y envolvente que llena los ojos de sueños y el corazón de placer; tiempos, también, desgraciadamente, de muchas miserias y violencia contra los jóvenes. ¿Dónde se apoya para vivir en esta realidad? ¿Dónde encontrar coraje para abrazar los desafíos

---

[88] "A verdadeira realização é possível apenas na busca do bem. Vivemos numa era em que o mal está sendo banalizado, e se tornando um elemento do cotidiano. Nossos telejornais, sites estão tão repletos de notícias de atos de crueldade que a maldade se tornou algo normal. Os jovens, dentro desse processo, tornam-se insensíveis ao mal e, até mesmo, atraídos, pois, em grande parte das vezes, o malfeitor não é punido e até mesmo bem-sucedido, admirado. Basta observar os chefes do tráfico em grandes favelas que possuem grande poder e domínio sobre os membros daquela comunidade. No processo de formação, é preciso reverter essa tendência e fazer com que o jovem perceba que o bem realmente vale a pena." En G.V. CORREA, *Pós-Modernidade e Juventude,* A formação da consciência em um contexto líquido, 2010 (TCC – Curso de Teologia) Faculdade João Paulo II, Marília 2010, p. 46-47 (trad. nuestra).

de lo cotidiano? ¿Dónde fijar la construcción del proyecto personal de vida?"[89]

Así, en esta perspectiva, Mons. Silva se referirá a la visión que presentaba el Papa emérito Benedicto XVI sobre los jóvenes en aquella ocasión, en cuanto pastor atento a sus ovejas, percibió que en este mundo de tantos brillos y privaciones, el grupo que más siente esta situación es precisamente la juventud[90] y que, aprecia los mismos valores que los jóvenes: el amor, la verdad y la libertad, y sabe que todo esto puede ser destruido y perdido si no se tienen jóvenes conscientes de su valor y de su vocación bautismal.[91]

Son estos valores los que los jóvenes buscan alimentar en sus vidas para encontrar el coraje, superar los miedos, enfrentar los desafíos de su tiempo, fundar su historia con sólidos fundamentos de espiritualidad y de sentido.

Entretanto, debemos hacer algunas preguntas ante perspectivas positivas y, a la vez, desafíos tan concretos: ¿Cómo presentar a los jóvenes la belleza del matrimonio? ¿De qué manera enseñarles que es posible encontrar el anhelo de sus vidas en la formación de una familia? ¿Cómo aliar el deseo del bien con la realización que se concreta en la vida humana?

La propuesta de nuestro trabajo en el segundo capítulo será mirar a los Documentos del Magisterio de la Iglesia destacando la preparación al matrimonio, o sea, en *Familiaris Consortio* y *Amoris Laetitia*, las indicaciones y caminos que la Iglesia ha procurado buscar para responder a estas cuestiones.

---

[89] "A Igreja, perita em humanidade, tem olhado com muito carinho e atenção para a vida de seus jovens filhos. Sabe que, nas mãos deles, está não só compromisso da construção dos novos tempos, mas acima de tudo, a beleza e a profecia que eles carregam para deixar a vida sempre com cara de primavera. Reconhece, também, que esta linda juventude se sente impulsionada e cativada pelos novos tempos; tempos de novas linguagens e com uma cultura fascinante e envolvente que enche os olhos de sonhos e o coração de prazer; tempos, também, infelizmente, de muitas misérias e violência contra os jovens. Onde se apoiar para viver nesta realidade? Onde encontrar coragem para abraçar os desafios do cotidiano? Onde fixar a construção do projeto pessoal de vida?" En E.P. SILVA, Posfácio: *Quem ama é criativo! Youcat: o presente da Igreja para os jovens* en YOUCAT Brasil, Catecismo Jovem da Igreja Católica, Paulus, São Paulo 2011, p. 288 (trad. nuestra)

[90] Cfr. E.P. SILVA, Posfácio: *Quem ama é criativo! Youcat: o presente da Igreja para os jovens* In. YOUCAT Brasil, Catecismo Jovem da Igreja Católica, Paulus, São Paulo 2011, p. 288.

[91] Cfr. Ibid.

CAPITULO II

LA PREPARACIÓN AL MATRIMONIO EN FAMILIARIS CONSORTIO Y AMORIS LAETITIA

II.0. Introducción

En este segundo momento de nuestro trabajo queremos buscar en las fuentes del Magisterio de la Iglesia las palabras, los argumentos que fortalecen, motivan, presentan la belleza del Matrimonio al mundo contemporáneo: ¡desafío siempre presente!

Habiendo visto las circunstancias de la problemática juvenil respecto al matrimonio, buscamos profundizar las orientaciones de la Iglesia a través de la Exhortación Apostólica *Familiaris consortio* de San Juan Pablo II, y la Exhortación Apostólica *Amoris laetitia*, del Papa Francisco, buscando en ellos las respuestas que corresponden con la actitud de la Iglesia frente al desafío de la preparación al matrimonio.

Siempre la Iglesia se ha preocupado y respondido a la vez a los cambios de época. Pero, en los últimos sesenta años, desde el Concilio Vaticano II, tiene palabras muy vivas y concretas en cuanto a la importancia de la familia y del matrimonio en la vida del mundo.

En la *Constitución Dogmática del Concilio Ecuménico Vaticano II Lumen Gentium* sobre la Iglesia, en su referencia al sacramento del matrimonio se dice que los esposos cristianos deben vivir una vida cristiana en busca de la santidad y la educación de los hijos en valores cristianos.

Los laicos casados viven en un estado de vida santificado por el sacramento matrimonial. Son llamados a ser Sal de la Tierra y Luz del Mundo. Los cónyuges viven la propia vocación siendo uno para el otro y, siendo testigos de fe y amor en Cristo, realizan la acción preciosa de la evangelización del mundo.

Los cónyuges son, en cierto modo, consagrados y, por medio de una gracia propia, edifican el Cuerpo de Cristo y constituyen una iglesia doméstica (LG 11). La Iglesia, para comprender plenamente su misterio, mira a la familia cristiana, que lo manifiesta de forma genuina.

Otro destaque que podemos hacer y rescatar es que en la *Constitución pastoral del Concilio Vaticano II Gaudium et Spes* sobre la Iglesia en el mundo de hoy, hay un diálogo recíproco entre la Iglesia, el mundo y la actividad humana de manera que están en profunda relación de unidad.

El bienestar de la persona y de la sociedad humana está ligado con la comunidad conyugal y familiar. Y los hijos contribuyen a la santificación de sus padres recibiendo sus ejemplos de oración y dignidad, unidos para la gloria de Dios.

La familia es una escuela de valores humanos. A través de la Alianza de amor y fidelidad de los esposos cristianos con Dios, que es el autor del Sacramento del Matrimonio, los esposos cooperan con el amor de Dios creador y educarán en la religión a sus hijos para conseguir este fin.

Gaudium et spes define el matrimonio como comunidad de vida y amor (GS 48), amor como centro de la familia. Trata de la promoción de la dignidad del matrimonio y de la familia (GS 47-52). El "verdadero amor entre marido y mujer" (GS 49) implica la mutua donación de sí mismo, incluye e integra la dimensión sexual, la afectividad, correspondiendo al designio divino (GS 48-49).

La Iglesia se preocupa cada vez más con esta realidad y actúa insistentemente para que todos conozcan los designios de Dios y se fortalezcan en la vivencia de la fe mediante sus enseñanzas dedicadas exclusivamente a la familia y al matrimonio. Después de las reflexiones presentadas por el Concilio Vaticano II, grandes son los esfuerzos para concretar la importancia de la familia y el matrimonio y, consecuentemente, para preparar a los jóvenes al matrimonio.

Así, la propuesta que debemos valorar de la preparación al matrimonio en las obras de Yves Semen tienen que ver con el anhelo del Magisterio de la Iglesia, como vimos antes, y como veremos a continuación con *Familiaris consortio* y *Amoris laetitia.*

Por ello, en *Familiaris consortio,* esta preocupación hace con que se busque una profunda evangelización de la familia en el mundo. Ella misma posee una misión para que los valores cristianos sean preservados en la alianza con Dios y las familias busquen la conversión en Cristo, reafirmando la comunión entre Dios y el matrimonio.

En el momento histórico actual, es presentada al mundo la Exhortación Apostólica del Papa Francisco sobre el amor en la familia, *Amoris laetitia,* que de hecho supuse un gran esfuerzo para actualizar la presencia de la Iglesia en defensa de la riqueza de la institución familiar.

II.1. La Exhortación Apostólica *Familiaris consortio,* sobre la Misión de la Familia Cristiana en los días de hoy

Familiaris consortio es la Exhortación Apostólica del Papa San Juan Pablo II, fruto del Sínodo de los Obispos, celebrado en Roma del 26 de septiembre al 25 de octubre de 1980; en continuidad de dos Sínodos anteriores. *"La Misión de la Familia Cristiana en los días de hoy"* es el primer documento publicado con la preocupación específica de: la familia, su misión y la Pastoral Familiar en sus estructuras y funcionamiento.

Era el cuarto año del pontificado de San Juan Pablo II y disconforme con los rumbos que la familia tomaba escribió este documento. A pesar del relativismo que existe en la actualidad y de las críticas contra la Iglesia, su preocupación por la familia es grande.

> "La Iglesia, consciente de que el matrimonio y la familia constituyen uno de los bienes más preciosos de la humanidad, quiere hacer sentir su voz y ofrecer su ayuda a todo aquel que, conociendo ya el valor del matrimonio y de la familia, trata de vivirlo fielmente; a todo aquel que, en medio de la incertidumbre o de la ansiedad, busca la verdad y a todo aquel que se

> ve injustamente impedido para vivir con libertad el propio proyecto familiar. Sosteniendo a los primeros, iluminando a los segundos y ayudando a los demás, la Iglesia ofrece su servicio a todo hombre preocupado por los destinos del matrimonio y de la familia."[92]

Este documento nos orienta con acciones necesarias a la viva solicitud de la Iglesia en favor de la familia, dando oportunas indicaciones para un renovado empeño pastoral (Cfr. FC 1-3) Por consiguiente, ofrece definiciones para la Pastoral Familiar como etapas, estructura, responsables y situaciones. A partir de este documento en Brasil surgieron otras publicaciones para apoyar la acción evangelizadora de la familia.

El sacramento del matrimonio como institución fundamental de la familia sufre con varias fuerzas contrarias. Pero fundamentada a la luz de la palabra de Dios nos fortalece y nos muestra el camino a seguir (cfr. FC 3), incluso a los jóvenes la Iglesia les dirige la su mirada: "a los jóvenes que están a emprender su camino hacia el matrimonio y la familia, con el fin de abrirles nuevos horizontes, ayudándoles a descubrir la belleza y la grandeza de la vocación al amor y al servicio de la vida".[93]

La Iglesia quiere ofrecer soportes para aquellos que ya conocen el valor del matrimonio y de la familia. A la vez, para aquellos que aún no viven esta realidad, la Iglesia quiere ofrecer su servicio para que la familia se fortalezca en la fe a partir del encuentro personal con nuestro Señor Jesucristo y se preocupen por la vida familiar con valores cristianos.

> "Este conocimiento constituye consiguientemente una exigencia imprescindible de la tarea evangelizadora. En efecto, es a las familias de nuestro tiempo a las que la Iglesia debe llevar el inmutable y siempre nuevo Evangelio de Jesucristo; y son a su vez las familias, implicadas en las presentes condiciones del mundo, las que están llamadas a acoger y a vivir el proyecto de Dios sobre ellas. Es más, las exigencias y llamadas

---

[92] P. JUAN PABLO II, *Exhortación Apostólica Familiaris Consortio, La familia,* San Pablo, Madrid 1981, n.1.

[93] Ibid.

> del Espíritu Santo resuenan también en los acontecimientos mismos de la historia, y por tanto la Iglesia puede ser guiada a una comprensión más profunda del inagotable misterio del matrimonio y de la familia, incluso por las situaciones, interrogantes, ansias y esperanzas de los jóvenes, de los esposos y de los padres de hoy."[94]

Es la familia la que contribuye desde el nacimiento de los hijos para que descubran su vocación, a través de las relaciones familiares basadas en la vivencia de la justicia y el amor. Es urgente anunciar la Buena Nueva a toda criatura, principalmente a aquellos que reciben la llamada al Sacramento del Matrimonio, a partir del conocimiento y de la vivencia del evangelio en sus vidas, para que vivan plenamente su sacralidad y se unan en Cristo.

En la primera parte de este documento, la preocupación es la creencia de llevar a todos a conocer y experimentar el evangelio y el proyecto de Dios, en cambio, los medios de comunicación dan informaciones inadecuadas, a través de sus programaciones, poniendo en riesgo a la familia, sin importarles herir la dignidad de la persona humana: "ponen sutilmente en peligro la libertad y la capacidad de juzgar con objetividad".[95]

> "A esto hay que añadir una ulterior reflexión de especial importancia en los tiempos actuales. No raras veces al hombre y a la mujer de hoy día, que están en búsqueda sincera y profunda de una respuestas a los problemas cotidianos y graves de su vida matrimonial y familiar, se les ofrecen perspectivas y propuestas seductoras, pero que en diversa medida comprometen la verdad y la dignidad de la persona humana."[96]

---

[94] Ibid, n. 4.

[95] Ibid.

[96] Ibid.

La Iglesia tiene un papel importantísimo para los laicos; el hombre y la mujer asumen a partir del don que les concede el sacramento del matrimonio, la madurez, el sentido y la educación de la fe en el seno familiar.

Por un lado, hombre y mujer, a través del matrimonio luchan por su dignidad, procreación, la educación de la prole, la mejora en las relaciones con la sociedad, el respeto mutuo y un crecimiento espiritual. Por otro lado la familia encuentra algunas dificultades, como la independencia de la pareja, la pérdida de la autoridad de los padres, el aumento de los divorcios, pues las parejas se desaniman fácilmente con el primer problema. Muchas veces después surge una nueva unión, distanciándose de las enseñanzas religiosas y de la vida en Dios.

> "En efecto, por una parte existe una conciencia más viva de la libertad personal y una mayor atención a la calidad de las relaciones interpersonales en el matrimonio, a la promoción de la dignidad de la mujer, a la procreación responsable, a la educación de los hijos; se tiene además conciencia de la necesidad de desarrollar relaciones entre las familias, en orden a una ayuda recíproca espiritual y material, al conocimiento de la misión eclesial propia de la familia, a su responsabilidad en la construcción de una sociedad más justa. Por otra parte no faltan, sin embargo, signos de preocupante degradación de algunos valores fundamentales: una equivocada concepción teórica y práctica de la independencia de los cónyuges entre sí, las graves ambigüedades acerca de la relación de autoridad entre padres e hijos; las dificultades concretas que con frecuencia experimenta la familia en la transmisión de los valores; el número cada vez mayor de divorcios, la plaga del aborto, el recurso cada vez más frecuente a la esterilización, la instauración de una verdadera y propia mentalidad anticoncepcional."[97]

Cuando aparece la dualidad de lo correcto/equivocado, mientras la religión informa sobre la concepción natural, otros programas incentivan la reproducción de

[97] Ibid, n. 6.

otras formas a través de la inseminación artificial (sin importar las consecuencias éticas), del uso de condones o de píldoras anticonceptivas que incluso perjudican la salud.

La búsqueda de la falsa libertad y felicidad momentánea ha perjudicado las relaciones familiares alejándose de los designios de Dios. Principalmente en los países subdesarrollados donde no se cubren las necesidades básicas para una vida digna. Por otro lado, los hijos acaban siendo escollos para algunas familias, por el consumismo desenfrenado, y no siguiendo las enseñanzas de Dios.

En el sacramento del Matrimonio tenemos la imagen de la alianza de Jesucristo con la Iglesia. La pareja se convierte en una sola carne, un solo corazón, una sola alma. La indisolubilidad, la fidelidad junto con la procreación y la educación de los hijos son fundamentales en las enseñanzas de los valores cristianos esenciales en la familia.

"Familia, ¡"sé" lo que "eres"!" (Cfr. FC 17), palabras del Papa San Juan Pablo II que nos ordena concienciarnos de la responsabilidad y misión de la familia que "En el designio de Dios Creador y Redentor la familia descubre no sólo su "identidad", lo que "es", sino también su "misión", lo que puede y debe "hacer"."[98]

> "Por esto la familia recibe *la misión de custodiar, revelar y comunicar el amor*, como reflejo vivo y participación real del amor de Dios por la humanidad y del amor de Cristo Señor por la Iglesia su esposa. Todo cometido particular de la familia es la expresión y la actuación concreta de tal misión fundamental."[99]

La familia es invitada a ser una comunidad de personas, en la que el deber mayor es crecer en el amor entre todos, y vivir en la más amplia comunión, como Iglesia doméstica, pues como "íntima comunidad de vida y de amor" (GS 48), la familia tiene la misión de ser cada vez más lo que es, es decir, comunidad de vida y

---

[98] Ibid, n. 17

[99] Ibid.

amor, en una tensión que, al igual que para toda realidad creada y redimida, hallará su cumplimiento en el Reino de Dios."[100]

La dignidad de la mujer debe ser valorada, en la educación de los hijos, en la realización profesional. El amor conyugal exige un respeto a la dignidad de la mujer por parte del hombre en todos los aspectos de su vida: en el amor, en la fecundidad, en la realización de la paternidad responsable, en la cual ambos cónyuges deben estar de acuerdo con los designios de Dios.

II. 1.1. *Las fases de preparación para el matrimonio según "Familiaris consortio"*

Los jóvenes deben ser preparados para el matrimonio con antelación por la Pastoral familiar, y estar fortalecidos con la formación de agentes, antes y después del matrimonio e insertados en las actividades desarrolladas por la Pastoral familiar en la vida de la Parroquia demostrando los valores para la vivencia familiar y matrimonial.

> "En nuestros días es más necesaria que nunca la preparación de los jóvenes al matrimonio y a la vida familiar. En algunos países siguen siendo las familias mismas las que, según antiguas usanzas, transmiten a los jóvenes los valores relativos a la vida matrimonial y familiar mediante una progresiva obra de educación o iniciación. Pero los cambios que han sobrevenido en casi todas las sociedades modernas exigen que no sólo la familia, sino también la sociedad y la Iglesia se comprometan en el esfuerzo de preparar convenientemente a los jóvenes para las responsabilidades de su futuro."[101]

[100] Ibid, n. 17.

[101] Ibid, n. 66.

Los jóvenes bien preparados e insertos en las acciones de la Pastoral acaban evangelizando a otras parejas, con sus testimonios. Les debemos dar las condiciones necesarias para el descubrimiento de la vocación matrimonial. Así perciben en su entorno la importancia de la belleza, la grandiosidad de vivir el amor basado y fundamentado en la fe cristiana.

II.1.1.1. Preparación remota

La preparación remota se inicia en la infancia, en la vida diaria con formación gradual. Desde temprano, los niños deben ser encaminados a la catequesis para que, además de toda la preparación sacramental, con base en los valores religiosos, perciban también la vocación al matrimonio, la vocación sacerdotal o religiosa.

> "La *preparación remota* comienza desde la infancia, en la juiciosa pedagogía familiar, orientada a conducir a los niños a descubrirse a sí mismos como seres dotados de una rica y compleja psicología y de una personalidad particular con sus fuerzas y debilidades. [...] Se exige, además, especialmente para los cristianos, una sólida formación espiritual y catequística, que sepa mostrar en el matrimonio una verdadera vocación y misión, sin excluir la posibilidad del don total de sí mismo a Dios en la vocación a la vida sacerdotal o religiosa."[102]

Esta es una época preciosa, rica, de valoración de aspectos fundamentales para la persona que comienza a descubrir su propia vida, su familia, el mundo en que vive, las relaciones con los demás. Es el momento "en que se imbuye la estima por todo auténtico valor humano, tanto en las relaciones interpersonales como en las sociales, con todo lo que significa para la formación del carácter, para el dominio y recto uso de

[102] Ibid.

las propias inclinaciones, para el modo de considerar y encontrar a las personas del otro sexo, etc."[103]

II.1.1.2. Preparación próxima

La *preparación próxima* es más específica, destinada al descubrimiento de los sacramentos, con catequesis adecuada en un proceso de camino catecumenal. Se debe integrar la formación de los jóvenes y estimular la relación interpersonal para aumentar el crecimiento y profundización de la sexualidad conyugal. Son necesarias también nociones necesarias para la paternidad responsable y la economía doméstica.

> "... *la preparación próxima*, la cual comporta –desde la edad oportuna y con una adecuada catequesis, como en un camino catecumenal- una preparación más específica para los sacramentos, como un nuevo descubrimiento. Esta nueva catequesis de cuantos se preparan al matrimonio cristiano es absolutamente necesaria, a fin de que el sacramento sea celebrado y vivido con las debidas disposiciones morales y espirituales."[104]

Este momento de la preparación al matrimonio, conforme seguimos en *Familiaris Consortio* nos lleva a reflexionar en la importancia de la formación religiosa en la vida de los jóvenes que "deberá ser integrada en el momento oportuno y según las diversas exigencias concretas".[105]

Esta formación es esencial, y puede ocurrir en varios espacios de encuentro eclesial de los jóvenes. Tenemos, por ejemplo, la importancia de una Pastoral de la

---

[103] Ibid.

[104] Ibid.

[105] Ibid.

Juventud, trabajando en conjunto con la Pastoral Familiar, para ayudar en este camino de formación, buscando:

> "[...] una preparación a la vida en pareja que, presentando el matrimonio como una relación interpersonal del hombre y de la mujer a desarrollarse continuamente, estimule a profundizar en los problemas de la sexualidad conyugal y de la paternidad responsable, con los conocimientos médico-biológicos esenciales que están en conexión con ella y los encamine a la familiaridad con rectos métodos de educación de los hijos, favoreciendo la adquisición de los elementos de base para una ordenada conducción de la familia (trabajo estable, suficiente disponibilidad financiera, sabia administración, nociones de economía doméstica, etc.)"[106]

Sin duda este camino de preparación proporcionará a la vida de los futuros y jóvenes matrimonios, "la preparación al apostolado familiar, a la fraternidad y colaboración con las demás familias, a la inserción activa en grupos, asociaciones, movimientos e iniciativas que tienen como finalidad el bien humano y cristiano de la familia."[107] Es, de hecho, un camino de esperanza y solidez.

II.1.1.3. Preparación inmediata

La preparación inmediata para la celebración del matrimonio ocurrene los últimos meses y semanas antes del matrimonio, incluso con un examen prenupcial que consta en el derecho canónico. Exige más atención a aquellos novios no insertados en la vida cristiana y que, por ello, tienen más carencias y dificultades.

---

[106] Ibid.

[107] Ibid.

La celebración litúrgica del sacramento del Matrimonio debe formar parte de la liturgia, con la palabra de Dios proclamada, la profesión de fe hecha con toda la comunidad cristiana implicada como testigos.

> "*La preparación inmediata* a la celebración del sacramento del matrimonio debe tener lugar en los últimos meses y semanas que preceden a las nupcias, como para dar un nuevo significado, nuevo contenido y forma nueva al llamado examen prematrimonial exigido por el derecho canónico. De todos modos, siendo como es siempre necesaria, tal preparación se impone con mayor urgencia para aquellos prometidos que presenten aún carencias y dificultades en la doctrina y en la práctica cristiana."[108]

En este itinerario de fe, análogo al catecumenado, muchos son los elementos a comunicar, por ello es fundamental "un conocimiento serio del misterio de Cristo y de la Iglesia, de los significados de gracia y responsabilidad del matrimonio cristiano, así como la preparación para tomar parte activa y consciente en los ritos de la liturgia nupcial."[109]

A partir del matrimonio, también se propone una atención al *post-matrimonio*, cuya función primordial es dar apoyo a la pareja en su nueva misión y vocación, para formar una comunidad de amor. La acción pastoral en la orientación y el intercambio de experiencias, en la venida de los hijos, en las dificultades que puedan suceder, ayuda a superar los problemas, conduce al crecimiento cristiano y aumenta el don de la fe.

[108] Ibid.

[109] Ibid.

II.2. La Exhortación Apostólica *Amoris laetitia*, sobre el Amor en la Familia

Amoris laetitia es expresión rica del amor de la Iglesia por la familia. Inspirada e iluminada a la luz de la palabra de Dios, se percibe su lenguaje simple y concreto. La Exhortación Apostólica Pos-Sinodal, *Amoris laetitia* (Alegria del amor en la familia), proporciona a los fieles y a la sociedad el conocimiento y percepción de la permanente importancia y el valor de la familia para la vida.

Amoris laetitia se inicia con los fragmentos riquísimos de la Sagrada Escritura, acerca del bien del Matrimonio y de la familia y, con el Sl 128 (127), proclamado en las liturgias matrimoniales, presenta de forma bellísima lo que no podría dejar de retratar la perspectiva familiar: "Dichosos todos los que temen a Yahvéh, los que van por sus caminos"[110], en la perspectiva del camino y del encuentro, entre el hombre y la mujer.

Al contrario, como vemos en la sociedad contemporánea, crece el individualismo en perjuicio de las relaciones familiares, prevalece el deseo y la voluntad de cada uno, centrado en su yo, la intolerancia, la agresividad se apoderan de los ambientes familiares y la violencia impera.[111]

Se valora la autenticidad, presente en la personalización: "La libertad para elegir permite proyectar la propia vida y cultivar lo mejor de uno mismo, pero sí no tiene objetivos nobles y disciplina personal, degenera en una incapacidad de donarse generosamente."[112]

El número de matrimonios disminuye, pues las personas optan por vivir solas, incluso en casas separadas y hasta en lugares distintos suyo y se encuentran cuando les resulta interesante o conveniente.[113]

---

[110] BIBLIA DE JERUSALÉN, Desclée de Brouwer, Bilbao 1967, Sal 128 (127).

[111] Cf. P. FRANCISCO, *La Alegría del amor. Exhortación apostólica Amoris Laetitia.* EDIBESA, Madrid 2016, n. 33.

[112] P. FRANCISCO, *La Alegría del amor. Exhortación apostólica Amoris Laetitia.* EDIBESA, Madrid 2016, n. 33.

[113] Cfr. Ibid.

La cultura de lo desechable, la falta de compromiso, llegan también a las familias donde no existe la solidaridad entre los esposos, el egoísmo forma parte de lo cotidiano, las ideologías enaltecidas debilitan las relaciones familiares y los valores cristianos. Sobre esta realidad, el Papa Francisco señala las indicaciones de *Amoris laetitia*, es decir, las palabras de la Iglesia para el amor en la familia, como un antídoto, como el camino buscado con insistencia hacia la felicidad que no se construye de manera aislada, sino juntos. Así fue la respuesta que dio a una entrevista:

> "En la exhortación apostólica *Amoris Laetitia* decía: 'La historia de una familia está atravesada por crisis de todo tipo, que son también parte de su dramática belleza. Hay que ayudar a descubrir que una crisis superada no lleva a una relación menos intensa, sino a mejorar, asentar y madurar el vino de la unión. No vivimos juntos para ser cada vez menos felices, sino para aprender a ser felices de una manera nueva, a partir de las posibilidades abiertas por una nueva etapa' (AL 232). Me parece importante vivir la educación de los hijos desde esta perspectiva, como una llamada que el Señor nos hace, como familia, y hacer de cada etapa una etapa de crecimiento, para aprender a saborear mejor la vida que Él nos regala".[114]

El centro de la "evangelización", el "primer anuncio" es "Jesucristo". El provoca entre las personas amor y ternura, amor infinito del padre en la verdad, paciencia y misericordia para el reino de Dios, para transmitir el Evangelio a la familia. El matrimonio es un don, el amor verdadero nace de la Santísima Trinidad. Está en Cristo la gracia necesaria para dar testimonio del amor de Dios.

El sacramento del Matrimonio, don para la santificación, testigo de salvación en la vivencia del amor conyugal, asume la alianza con Dios. La alegría de este amor debe ser cultivada. Estamos hechos para amar, no hay alegría mayor que compartir un bien.

---

[114] P. FRANCISCO, *Dios es joven, una conversación con Thomas Leoncini*, Planeta Testimonio, Barcelona 2018, p. 137.

El efecto del amor fraterno, no es la vanidad de mirar hacia sí mismo, sino del amante que se complace en el bien del ser amado, que se desborda hacia el otro y se vuelve fecundo en él y que se renueva incluso en el sufrimiento. Después de toda lucha y sufrimientos si están unidos, los cónyuges pueden experimentar que valió la pena el fruto de un gran esfuerzo compartido.

El amor es fundamental para la vida matrimonial y familiar, asume la alianza con Dios, propone a una imitación de éste en lo cotidiano. El amor se demuestra con obras, servir al otro sin esperar nada a cambio y querer el bien y la felicidad del otro. El amor conyugal alcanza la plenitud cuando está ligado a la caridad conyugal. El matrimonio como signo implica un proceso dinámico, que avanza gradualmente con la progresiva integración de los dones de Dios.

II.3. Consideraciones

¿La familia, cómo va?[115] Esta fue la pregunta que ha motivado las reflexiones de la Campaña de la Fraternidad del año de 1993, en Brasil. En esta época mucho se ha promovido posibilitando encuentros, celebraciones y reuniones con adolescentes y jóvenes sobre el tema de familia y matrimonio. La Pastoral da Juventud del Brasil ha buscado con la ayuda de la Pastoral Familiar hacer ese proceso de formación, incluso cuanto a la motivación del despertar al matrimonio, en conversaciones de grupos de jóvenes sobre el namoro y el noviazgo.

Pero, ya se pasaban 12 años de la publicación de *Familiaris consortio,* y en los años 90 las realidades familiares en América Latina sofrían todavía el impacto de los cambios en los padrones, incluso en la vida juvenil. Osamos, entretanto, decir que mismo con el proceso de cambios ocurridos:

---

115 "*¿A familia, como vai?*" (trad. nuestra) – slogan de la Campaña de la Fraternidad del año 1993, realizado en Brasil, en el tiempo de cuaresma.

> "Una vez más, se demuestra la centralidad de la familia en la sociedad. En la medida en que altera las condiciones sobre las que se han apoyado y consolidado otros sistemas sociales, las bases de seguridad se alteran y exige, por tanto, una re-adaptación del sistema en su conjunto. La importancia es tal, por la capacidad que demuestra para condicionar, alterar o impedir el curso de acción de otras esferas sociales."[116]

En el contexto amplio en que estamos todos insertos, ahí están las familias, situadas en un ambiente que se hace necesario valorar los aspectos del diálogo, de la valorización del aspecto comunitario de relaciones, entre otras cosas que, "una buena familia es el mejor Don que alguien puede tener. Sencillamente, porque es la misma vida, y nada hay tan importante como la vida. Porque sigue siendo, hoy como ayer, una necesidad para el desarrollo personal y social."[117]

Se constata que continua a ser "el vínculo permanente de asistencia entre sus miembros, la base privilegiada para un desarrollo integral de la persona, la fuente impulsadora de la solidaridad intergeneracional, el lugar por excelencia de humanización y socialización. Por ella se transmiten los valores culturales, éticos, religiosos, sociales, la actitud ante la vida y el sentido de vida."[118]

Por consiguiente, de esa manera *Amoris Laetitia,* comprende la familia en la actualidad. En el nuevo siglo que vivimos, evidentemente el contexto del matrimonio y familia se amplía en la valoración de las culturas y individualidades y los desafíos son grandísimos, pero podemos también es posible considerar que la realidad familiar sigue siendo importante:

> "La familia se considera relación social que está en continua interrelación con el exterior, es un proceso continuo de intercambio de relaciones. Es

---

[116] P. DONATI, P. DI NICOLA, *Lineamenti di sociologia della familia*, Roma, Carocci 2002, p. 201.

[117] D. BOROBIO, *Família, Sociedad, Iglesia. Identidad y misión de La familia cristiana*, DDB, Bilbao 1994, p. 8-9.

[118] D. BOROBIO, *Família, Sociedad, Iglesia. Identidad y misión de La familia cristiana*, DDB, Bilbao 1994, p. 8-9.

este proceso de intercambio y de relación lo que hace insustituible a la familia. Por este motivo, afirman que la relación familiar es mucho más que una mera unidad de cohabitación."[119]

Todo el conjunto de esas relaciones interpersonal articula dentro de sí experiencias que van desde el campo interior (como necesidades y sentimientos) y van a alcanzar el mundo exterior, a través del lenguaje que *constituye y que explora el mundo*.[120]

En este contexto vital podemos decir que está inserida la familia, y si la entendemos como comunidad de amor e Iglesia Doméstica, según *Familiaris consortio*, la familia "se presenta como el modo más completo de comunidad"[121] y, con ello:

> "En esta hay vínculos que rodean al ser humano en toda su amplitud: el nivel físico, que está conectado de manera evidente a la procreación de la prole ya la vida en común, que abarca también a los hijos en la educación; al lado de eso se delinean dinámicas de orden psíquico, sea en sentido positivo, sea en sentido negativo, pero lo que predomina, como siempre, cuando se trata de seres humanos, es el nivel espiritual que engloba y ordena todos los demás aspectos y los distingue".[122]

---

119 P. DONATI, P. DI NICOLA, *Lineamenti di sociologia della familia*, Roma, Carocci 2002, p. 201.

120 Cfr. J. HABERMAS, *Pensamento pós-metafísico: estudos filosóficos*, Tempo Brasileiro, Rio de Janeiro 1990, p. 94 (trad. nuestra).

121 "se apresenta como o modo mais completo de comunidade". A.A. BELLO, *Família e Intersubjetividad,* En L. MOREIRA, A.M.A. CARVALHO, *Família, subjetividade e vínculos,* Paulinas, São Paulo 2007, p. 99 (trad. nuestra)

122 "Nesta existem ligações que cercam o ser humano em toda sua amplitude: o nível físico, que está conectado de maneira evidente à procriação da prole e à vida em comum, que abrange também os filhos na educação; ao lado disso se delineiam dinâmicas de ordem psíquica, seja em senso positivo, seja em senso negativo, mas o que predomina, como sempre, quando se trata de seres humanos, é o nível espiritual que engloba e ordena todos os outros aspectos e os distingue". A.A. BELLO, *Família e Intersubjetividad,* En . MOREIRA, A.M.A. CARVALHO, *Família, subjetividade e vínculos,* Paulinas, São Paulo 2007, p. 99 (trad. nuestra).

Entonces, las familias hoy están presentes en un mundo en cambios y cada vez más complejo, exigente y provocador, y con ello, en los ambientes en que viven, están sujetos también a normas, estructuras y contextos más amplios.

Todavía imbuidos de nueva conciencia y convicciones, mantienen la autonomía de sus proyectos y anhelos y son la esperanza para nuestras civilizaciones, mismo en un tiempo en que "La familia es el puerto del que se quiere alejarse, pero al que simbólicamente se puede volver. Esto equilibra las referencias" [123]

En el diálogo y en la relación con el mundo y los demás sujetos, la familia tiene su importancia a la vida social y su desarrollo y encuentra siempre nuevas perspectivas de conservación de su identidad y conciencia en medio de la civilización.

[123] "a familia é o porto do qual se quer se afastar, mas ao qual simbólicamente se pode voltar. Isso equilibra as referencias [...]" A.C.S. BASTOS, M.M. GOMES, M.C. GOMES, N. REGO, *Conversando com famílias: crise, enfrentamento e novidade.* Em L. MOREIRA, A.M.A. CARVALHO (orgs), *Família, subjetividade e vínculos,* Paulinas, São Paulo 2007, p. 157-193 (trad. nuestra),

CAPÍTULO III

LA PROPUESTA DE YVES SEMEN PARA LA PREPARACIÓN AL MATRIMONIO

III.0. Introducción

Destacamos en este momento de nuestra investigación la obra de Yves Semen que contiene la propuesta para el itinerario de preparación al matrimonio que queremos valorar y que es imprescindible para que los jóvenes vivan intensamente el amor, el amor entre dos personas, que está por formar, por perfilarse, por crecer y madurar.

"Por muy vivo que sea el amor que nace entre dos seres, está llamado a crecer, a madurar, a hacerse más profundo".[124] Todo el camino pide perseverancia, esperanza y confianza, y el camino hacia el matrimonio es igual:

> "De ahí que pueda ser de utilidad distinguir en él lo que podríamos llamar sus diferentes 'estadios' o las etapas de su crecimiento. No es que se pueda detectar con claridad el momento en que se pasa de un estadio al otro: la vivencia concreta es bastante más compleja que las distinciones conceptuales. Con todo, estas últimas nos permitirán a pesar de todo situarnos y medir en su caso el camino que nos permita comprometernos con toda libertad en el matrimonio. Lo que caracteriza al amor humano es ser un amor entre dos personas, y en tanto no se haya establecido el amor en el nivel que requiere el hecho de ser una persona, sigue siendo todavía un amor en devenir."[125]

Por ello, en ese proceso de búsqueda de la realización del amor, se hace necesario buscar la madurez y el crecimiento, profundización y consciencia de los

---

[124] Y. SEMEN, *El amor en la familia según Juan Pablo II,* Desclée De Brouwer, Bilbao, 2016, p. 15.

[125] Ibid.

límites, de los pasos dados, de lo que se puede alcanzar. En este camino es fundamental el descubrimiento y mantenimiento de algo profundo, puro, vivo. En primero lugar hablaremos de la *ternura*, algo significativo para entender el proceso de preparación al matrimonio que nos propone Yves Semen.

III.1. La ternura en el camino a recorrer entre dos

Debemos, ante todo, hablar de la virtud de la *castidad y continencia*, es decir, el arte de controlar la concupiscencia del cuerpo, es un acto de la voluntad. Está relacionada con la *templanza*, una actitud permanente realizada conscientemente. Por ello, sin la templanza, la castidad y la continencia *no puede haber verdadera ternura*. La castidad debe favorecer el dominio de sí y la realización del amor. La persona casta es la persona que se auto domina y, con ello, ejercita el don de la pureza en su vida. [126]

Como vemos en el segundo ciclo de las Catequesis sobre el Amor Humano, de San Juan Pablo II, sobre la *Redención del Corazón*[127] , la pureza es presentada como la sustancia del e*thos* de la redención. Ella tiene una dimensión de contención, de templanza, de dominio de sí.

Todo ello es restablecido en el corazón humano, en la subjetividad personal, concretando la alianza con el valor del cuerpo. Juan Pablo II nos presenta el valor del significado esponsal del cuerpo, una señal transparente, donde el Creador, junto con la perenne atracción recíproca del hombre/mujer a través del masculino/femenino, inscribió en el corazón de ambos el don de la comunión.

---

[126] Cfr. F.J. CORTES BLASCO, *El esplendor del amor esponsal y la communio personarum, La doctrina de la castidad en las Catequesis de San Juan Pablo II sobre El amor humano en el Plan Divino*, Cantagalli, Siena 2018, p. 53

[127] Cfr. P. JUAN PABLO II, *Hombre y Mujer los creó, Catequesis sobre el amor humano*, Ediciones Cristiandad, Madrid, 2017, p. 169-349.

Cuanto más presente y experimentada la dimensión de la continencia, del autodominio, está más presente en la experiencia vivida de la persona el valor de la alianza. Estamos ante la suspensión del compromiso.

Cuando el hombre experimenta su propia dignidad y se vuelve mucho más libre; capaz del don de sí mismo al otro. Es capaz de reconocer la verdad originaria de su ser corpóreo/personal. El resultado es la reconstitución del hombre integral, donde la emoción, la espontaneidad y el *ethos* se convierten en la forma de *eros*.

Por lo tanto, la pureza es aquel modo propio de la persona, en el que realiza el significado esponsal del cuerpo y expresa la libertad del don. No es sólo virtud moral, sino que es fruto del don del Espíritu, no es sólo dimensión moral (virtud), sino también carismática (espiritualidad). Por lo tanto, al mismo tiempo signo de la redención del cuerpo, don de la Gracia del Espíritu y compromiso personal para ser fieles a este don.

En la *experiencia de la ternura,* nacida de la afectividad, como vimos, se presupone la *continencia.* Con ello, las energías de la afectividad y sexualidad deben dirigirse a las virtudes superiores.

> "La ternura, más que 'simpatía', está cercana al sentido etimológico de la compasión, la cual puede considerarse más bien una consecuencia de la ternura, aunque en ocasiones se manifiesta en el ser humano independientemente de esta. [...] La ternura no es una aptitud para la simpatía de la que acabamos de hablar, una sensibilidad para con los estados del alma del otro. La contiene sin que constituya su esencia, que consiste en una tendencia a hacer suyos los estados del alma de otro. Esta tendencia se manifiesta al exterior, porque se siente la necesidad de señalar al otro 'yo' que uno se toma en serio lo que el otro está viviendo, sus estados interiores, a fin de que este otro sienta que uno los comparte y los vive también. La ternura nace, por lo tanto, de la comprensión del estado del alma de otro (e, indirectamente, de su situación exterior, porque lo condiciona), y tiende a comunicarle cuán íntimamente está unido a este."[128]

[128] K. WOJTYLA, *Amor y Responsabilidad*, Ediciones Palabra, Madrid 2015, p. 244-245.

La ternura es individual, procede de la afectividad, de la pureza de las intenciones. Se puede manifestar en el abrazo, en algunas formas de besar u otras manifestaciones de cariño, o de amor, reguladas por la continencia.

> "Así es como nace la necesidad de comunicar al otro nuestra proximidad interior, y por ello la ternura se exterioriza mediante diversos actos que reflejan: el gesto de abrazar al otro o sencillamente cogerlo del brazo (lo cual puede ser también una forma de ayuda que se le presta, gesto que difiere del que se realiza cuando se anda con el otro 'cogidos del brazo', ciertas formas de beso. Todas estas manifestaciones de ternura tienen el mismo fin y un significado interior común."[129]

Hace falta especialmente hoy mucha ternura. Hay un *derecho* del mismo modo que hay un *deber* de manifestar esa ternura. Es necesario educar en la ternura. La experiencia de la ternura debe llevar a una vivencia pura y santa de lo que será después la experiencia del matrimonio y, por eso, como vemos en el tercer ciclo de las catequesis de Juan Pablo II: en la participación de la vida trinitaria, el hombre es don y también es persona a través de la comunión.[130]

> "De esta suerte, la ternura es un elemento importante del amor fundado en grande parte sobre la afectividad y los sentimientos. K. Woytyla asegura, además, que hace falta mucha ternura, especialmente en el matrimonio. Efectivamente, existe no sólo un *derecho a la ternura* (a manifestarla y aceptarla), sino, a veces, un *deber de ternura* para con el otro. Por ello, existe, también aquí, "un problema de educación de la

---

[129] Ibid, p. 245.

[130] Cfr. F.J. CORTES BLASCO, *El esplendor del amor esponsal y la communio personarum, La doctrina de la castidad en las Catequesis de San Juan Pablo II sobre El amor humano en el Plan Divino*, Cantagalli, Siena 2018, p. 54.

ternura implícito en el de la educación del amor en el hombre y en la mujer, y, por consiguiente, entre ellos."[131]

En el quinto ciclo de la Catequesis del Amor Humano[132], San Juan Pablo II profundiza sobre el matrimonio en la meditación de la Carta a los Efesios, donde encontramos el eterno designio salvífico de Dios que se realiza en Cristo, presentado en dos direcciones: el misterio de Cristo, expresión del proyecto de Dios que se realiza en la Iglesia y la vocación del hombre en entrar y participar de este misterio. El matrimonio es una manera de expresar y realizar esta participación.

El amor de Dios en Cristo es un amor redentor y el amor nupcial es redimido por la participación en Él. El Sacramento del Matrimonio, en la Carta a los Efesios, es una relación entre la conyugalidad y la redención, es decir, el significado esponsal del cuerpo y su redentor. El matrimonio es una experiencia eficaz de potencia salvífica de Dios que realiza su designio eterno incluso después del pecado y de la *triple concupiscencia* escondida en el corazón del ser humano, hombre y mujer.[133]

III.2. Las fases de enamoramiento hacia el matrimonio

En el apartado *El amor entre las personas*[134] Yves Semen dice que "el deseo de todo amor es ser compartido"[135], lo que significa la reciprocidad propia de la relación entre los amores. Lo que pasa es que, para nuestro autor, la etapa inicial de decisión es

---

131 F.J. CORTES BLASCO, *El esplendor del amor esponsal y la communio personarum, La doctrina de la castidad en las Catequesis de San Juan Pablo II sobre El amor humano en el Plan Divino*, Cantagalli, Siena 2018, p. 54.

132 Cfr. P. JUAN PABLO II, *Hombre y Mujer los creó, Catequesis sobre el amor humano*, Ediciones Cristiandad, Madrid, 2017, p. 469-612.

133 Ibid.

134 Y. SEMEN, *El amor en la familia según Juan Pablo II,* Desclée De Brouwer, Bilbao, 2016, p. 27-31.

135 Ibid, p. 27.

muy difícil porque el momento de "la confesión o de la declaración, es una etapa delicada y llena de dilemas: "yo le (la) quiero, pero ¿me quiere ella (él)?"[136]. Con ello, el "amor desea conseguir la unidad", ser compartido, recíproco, alcanzar la plenitud, que sea creado entre los amantes y sea confirmado. Pero, Semen dice que:

> "Para que el amor se desarrolle hace falta, por consiguiente, que en un determinado momento deje de existir únicamente en dos "yoes" para crear un "nosotros". Ahora bien, para que se cree un "nosotros" verdadero, es preciso que sea fruto de una mutua benevolencia y no de una simple combinación de egoísmos."[137]

III.2.1. *La simpatía*[138]

La *simpatía* debe ser el primer momento del encuentro entre las personas y que las une emotiva y afectivamente en sus relaciones y que, según Semen, es una experiencia anterior a todo el compromiso y decisión:

> "Gracias a la simpatía se despierta una resonancia emotiva y afectiva recíprocamente en cada una de las personas. La simpatía que experimentan la una por la otra las acerca, hace que entre mutuamente cada una en la órbita de la otra, que ambas se sienten próximas, porque sienten las mismas cosas y de una manera semejante."[139]

---

[136] Ibid.

[137] Ibid, p. 28

[138] Cfr. Y. SEMEN, *El amor en la familia según Juan Pablo II,* Desclée De Brouwer, Bilbao, 2016, p. 29.

[139] Y. SEMEN, *El amor en la familia según Juan Pablo II,* Desclée De Brouwer, Bilbao, 2016, p. 29.

Para Semen, es el momento en que los dos amantes ahora sienten que sus personalidades se benefician mutuamente, se sienten atraídos, tienen y comparten gustos y valores, en una *resonancia positiva* que, según nuestro autor, los pone en la *misma sintonía* y, aunque no tomen decisiones, los sentimientos ya se corresponden con algo que podrá tornarse en un *amor real.*[140]

III.2.2. *La amistad*[141]

En la *amistad* "es decisiva la participación de la voluntad"[142], conforme nos dice Semen [143]y que, con ello, "se opta por entrar en una relación de amistad, que no se establece únicamente sobre un compartir del 'sentir', sino sobre una comunión del 'querer'". La voluntad se compromete: "y se compromete mutuamente en la búsqueda del bien del otro", o sea, el "compartir del amor de benevolencia"[144].

> "La simpatía no es aún amistad, no hace más que crear las condiciones de posibilidad de la misma a través de sus dimensiones sensibles y afectivas. En la simpatía, se puede permanecer en la ilusión de los sentimientos. En la amistad, exige una exigencia de verdad y, por consiguiente, de tiempo, pues para desearse el bien mutuamente, los amigos deben haberse tomado el tiempo necesario para conocerse y no solo para sentir juntos."[145]

---

[140] Cf. Ibid.

[141] Cfr. Y. SEMEN, *El amor en la familia según Juan Pablo II,* Desclée De Brouwer, Bilbao, 2016, p. 30.

[142] Y. SEMEN, *El amor en la familia según Juan Pablo II,* Desclée De Brouwer, Bilbao, 2016, p. 30.

[143] Ibid.

[144] Ibid.

[145] Ibid.

III.2.3. *La amistad conyugal*[146]

Empieza por la amistad "entre un hombre y una mujer [...] la comunión y la comunidad conyugales"[147], por eso, la amistad conyugal se configura como un paso más después de la simpatía y de la amistad simplemente, pues se "disponen a comprometerse en el matrimonio"[148], son amigos en el sentido más amplio, "y no simples cómplices."[149]

Es necesario plantear algunas cuestiones entre los candidatos al matrimonio, conforme indica nuestro autor que, en este discernimiento, puede definir lo que sea una *amistad real*, primicias para tornarse matrimonio.[150]

> "[...] el vinculo que existe entre nosotros, eso que constituye nuestro 'nosotros', ¿pertenece únicamente al orden de los sentimientos o hay también, sobre la base de estos sentimientos, aunque más allá de ellos, una voluntad compartida de querer el bien el otro, su verdadero bien e incluso ese bien último al que podemos llamar de felicidad? ¿Es mi propia felicidad –o la idea que me hago de ella- lo que busco en el matrimonio, o bien, y ante todo, la felicidad del otro?"[151]

---

[146] Cfr. Y. SEMEN, *El amor en la familia según Juan Pablo II,* Desclée De Brouwer, Bilbao, 2016, p. 31.

[147] Y. SEMEN, *El amor en la familia según Juan Pablo II,* Desclée De Brouwer, Bilbao, 2016, p. 31.

[148] Ibid.

[149] Ibid.

[150] Cf. Ibid.

[151] Y. SEMEN, *El amor en la familia según Juan Pablo II,* Desclée De Brouwer, Bilbao, 2016, p. 31.

III.3. Un itinerario de preparación de los enamorados y novios para la vida matrimonial

En el libro *"El amor en la familia según Juan Pablo II"*[152] Yves Semen presenta su propuesta de preparación para el matrimonio con el desarrollo de líneas de reflexión para las reuniones de preparación y otra parte de líneas de diálogo para la pareja.

La propuesta metodológica sigue un orden de temas que despierten a la vida conyugal, conforme otro libro de su autoría *"La espiritualidad conyugal según Juan Pablo II"*[153], obra en la cual el autor profundiza los contenidos "en las catequesis de San Juan Pablo II sobre la *Teología del Cuerpo*, a fin de obtener de ellas la luz adecuada para iluminar estos temas fundamentales de la espiritualidad conyugal" [154]

III.3.1. *Para que el matrimonio sea una vocación*[155]

En este tema[156], el autor propone una reflexión acerca de la vocación en el matrimonio, como un camino de felicidad que, en la soledad, se desea el entregarse al otro. Trata el matrimonio de la perspectiva vocacional, no simplemente como un estado de vida, sino como respuesta a la llamada divina. También plantea en este tema la cuestión de cómo integrar en la vida de la familia y el matrimonio la cuestión del trabajo.

---

[152] Y. SEMEN, *El amor en la familia según Juan Pablo II*, Desclée De Brouwer, Bilbao, 2016.

[153] Y. SEMEN, *La espiritualidad conyugal según Juan Pablo II,* Desclée De Brouwer, Bilbao, 2011.

[154] Y. SEMEN, *El amor en la familia según Juan Pablo II,* Desclée De Brouwer, Bilbao, 2016, p. 69

[155] Cfr. Y. SEMEN, *El amor en la familia según Juan Pablo II,* Desclée De Brouwer, Bilbao, 2016, p. 70

[156] Cfr. Y. SEMEN, *La espiritualidad conyugal según Juan Pablo II,* Desclée De Brouwer, Bilbao, 2011, p. 27-36.

III.3.2. *Amar, perdonar, perdonarse*[157]

La idea central en este tema[158] es hablar de la experiencia del perdón con la pareja, e incluso que hablen entre ellos de los propios límites y dificultades. Quiere este momento favorecer la comprensión del perdón como vía de la entrega de la propia vida y del cuerpo como don, aceptando las condiciones de un amor encarnado, en la masculinidad y la feminidad de la persona humana en el plan de Dios.

Con ello, el camino recorrido llevará a la participación y comunión con Dios. El perdón, además promueve la comunión conyugal y hace comprender el sentido de la resurrección como esperanza de la vida plena y futura, hacia el Reino de los Cielos, y señala que esta realidad debe ser experimentada en la vida y amor conyugal.

III.3.3. *La liturgia de los cuerpos*[159]

A continuación, nuestro autor propone este tercer tema[160] que deberá llevar a la pareja a la consciencia del matrimonio como el *sacramento primordial* que conduce a la *communio personarum*, a la unión que es fruto de la gracia de Dios. La sexualidad esta descrita en el plano divino y por eso tiene gran importancia en la vida matrimonial.

Así es fundamental la afirmación de que *no separe el hombre lo que Dios ha unido* frase que se corresponde según Mt 19,6 con el destino del hombre y la mujer en la creación. Es liturgia en la vida conyugal la entrega de los cuerpos y es esencial en la

[157] Cfr. Y. SEMEN, *El amor en la familia según Juan Pablo II,* Desclée De Brouwer, Bilbao, 2016, p. 71.

[158] Cfr. Y. SEMEN, *La espiritualidad conyugal según Juan Pablo II,* Desclée De Brouwer, Bilbao, 2011, p. 37-46.

[159] Cfr. Y. SEMEN, *El amor en la familia según Juan Pablo II,* Desclée De Brouwer, Bilbao, 2016, p.72.

[160] Cfr. Y. SEMEN, *La espiritualidad conyugal según Juan Pablo II,* Desclée De Brouwer, Bilbao, 2011, p. 47-55.

teología del cuerpo. Efectivamente el cuerpo cumple una vocación, al revelar el misterio eterno de la comunión de amor trinitario.

III.3.4. *La humildad de la encarnación*[161]

En la Catequesis de San Juan Pablo II, *La Creación como don fundamental y originario* (n. 13 – de la audiencia del 2 de enero de 1980), este tema[162] tiene su base y viene a hablar sobre el *significado originario de la desnudez.* Nuestro autor reflexiona sobre *la desnudez de los cuerpos* que desde el origen estaban hechos para la comunión y para la finalidad esponsal , y la *desnudez de las almas* cuando se acepta "la verdad de la entrega de los cuerpos y el respeto absoluto de su significación esponsal."[163]

Además, este tema será tratado con las parejas sobre *el profetismo de los cuerpos*, en el dinamismo de la humildad, de la entrega de los cuerpos. Con ello, conforme las pistas de la preparación los esposos se tornan "guardianes de la verdad del lenguaje del cuerpo en la Iglesia". [164]

[161] Cfr. Y. SEMEN, *El amor en la familia según Juan Pablo II,* Desclée De Brouwer, Bilbao, 2016, p. 73.

[162] Cfr. Y. SEMEN, *La espiritualidad conyugal según Juan Pablo II,* Desclée De Brouwer, Bilbao, 2011, p. 57-66.

[163] Y. SEMEN, *La espiritualidad conyugal según Juan Pablo II,* Desclée De Brouwer, Bilbao, 2011, p. 61.

[164] Y. SEMEN, *El amor en la familia según Juan Pablo II,* Desclée De Brouwer, Bilbao, 2016, p. 73

III.3.5. *Las sutilezas del adulterio*[165]

Estamos ante un reto para nuestros tiempos. Semen presenta este tema[166] en el plan de preparación al matrimonio para que desde el principio la pareja pueda reflexionar en las "raíces de toda tentación de infidelidad al otro"[167].

Con ello, en la Catequesis n. 34 de San Juan Pablo II (audiencias del 6 de agosto de 1980), *El Sermón de la montaña a los hombres de nuestro tiempo*, ya dice lo que amenaza la vida de la persona como un don al otro: *el adulterio en el corazón* y *el adulterio*, prácticas que profundiza en las catequesis siguientes.[168]

Es a partir de este fundamento que nuestro autor trata este tema buscando en la reunión de preparación al matrimonio[169] el momento para tratar de los aspectos a diferenciar entre *mirar para admirar* o *mirar para desear*. La cuestión de la exclusividad del vínculo conyugal, los problemas generados por la actitud utilitarista, e incluso cuando se mira a la propia mujer como objeto de erotismo[170], son prácticas que revelan el adulterio en el corazón.

---

[165] Cfr. Y. SEMEN, *El amor en la familia según Juan Pablo II*, Desclée De Brouwer, Bilbao, 2016, p. 74.

[166] Cfr. Y. SEMEN, *La espiritualidad conyugal según Juan Pablo II*, Desclée De Brouwer, Bilbao, 2011, p. 67-77.

[167] Y. SEMEN, *El amor en la familia según Juan Pablo II*, Desclée De Brouwer, Bilbao, 2016, p. 74.

[168] Cfr. Y. SEMEN, *La espiritualidad conyugal según Juan Pablo II*, Desclée De Brouwer, Bilbao, 2011, p. 67-77.

[169] Cfr. Y. SEMEN, *El amor en la familia según Juan Pablo II*, Desclée De Brouwer, Bilbao, 2016, p. 74.

[170] Cfr. Y. SEMEN, *La espiritualidad conyugal según Juan Pablo II*, Desclée De Brouwer, Bilbao, 2011, p. 74-77.

III.3.6. *Las maduraciones del amor* [171]

Este momento de la preparación, iluminado por Yves Semen en *Las etapas de la maduración del amor*[172], es aquel en que los jóvenes son invitados a buscar en la fuente de la *espiritualidad conyugal*, conforme resalta San Juan Pablo II en la Catequesis n. 132 (en la audiencia del 14 de noviembre de 1984, Catequesis n. 132), las fuerzas para superar dificultades e retos que vendrán a componer la cotidianeidad de la caminata conyugal.[173]

En *La noche de los sentidos* y *La noche del espíritu*, se experimentan las etapas más difíciles de la vida matrimonial que *hasta que la muerte nos separe* deberá ser fortalecida desde el principio en los jóvenes matrimonios para que comprendan que también sus vidas pueden pasar por pruebas en las etapas de la maduración de la vida espiritual.[174] Las pistas de reflexión en la reunión de preparación y líneas de diálogo en este momento son muy importantes para despertar esta consciencia y a darse cuenta de esta realidad vital.[175]

III.3.7. *Las cruces y las penas*[176]

En la audiencia del 11 de agosto de 1982, San Juan Pablo II decía, con base a las palabras de San Pablo que "En efecto, el marido y la mujer están 'sujetos los unos a los otros', están mutuamente subordinados [...] La comunidad o unidad que deben formar

[171] Cfr. Y. SEMEN, *El amor en la familia según Juan Pablo II,* Desclée De Brouwer, Bilbao, 2016, p. 75

[172] Cfr. Y. SEMEN, *La espiritualidad conyugal según Juan Pablo II,* Desclée De Brouwer, Bilbao, 2011, p. 79-92.

[173] Ibid.

[174] Ibid.

[175] Cfr. Y. SEMEN, *El amor en la familia según Juan Pablo II,* Desclée De Brouwer, Bilbao, 2016, p. 75.

[176] Cfr. Y. SEMEN, *El amor en la familia según Juan Pablo II,* Desclée De Brouwer, Bilbao, 2016, p. 76.

por el matrimonio, se realiza a través de una recíproca donación, que es también una mutua sumisión".[177]

Basado en esta Catequesis, Yves Semen habla de *las cruces y las penas* que es indisociable del amor verdadero. Además, que el amor verdadero incluye una *sumisión recíproca*, dónde los esposos comparten también los sufrimientos el uno del otro, y con Cristo[178]:

> "El amor de Cristo a la Iglesia es un amor de entrega total al sacrificio de la cruz. El amor del marido a su mujer debe conducirle, por tanto, a entregarse por ella como Cristo se entregó a la Iglesia para salvarla mediante la ofrenda redentora de su vida. La razón de la sumisión recíproca de los esposos es, por consiguiente, el amor que les une y que, para ser un amor de verdad, debe ser un amor de entrega total de sí mismo [...]."[179]

Por ello, este encuentro del itinerario acercará a los novios a la realidad del *inevitable inacabamiento de la entrega*, que es por toda la vida, buscar aceptar y sufrir las limitaciones el uno del otro.[180] También habla de la perspectiva del *fracaso,* incluso si este es ser un factor de desánimo[181] o de confianza en la gracia de Dios: "La cruz puede ser en la vida de los esposos, simple y radicalmente, el fracaso de su matrimonio [...]"[182]. Así, es posible configurar este momento de dolor en la cruz de Cristo, con

---

[177] Y. SEMEN, *La espiritualidad conyugal según Juan Pablo II,* Desclée De Brouwer, Bilbao, 2011, p. 93.

[178] Cfr. Y. SEMEN, *La espiritualidad conyugal según Juan Pablo II,* Desclée De Brouwer, Bilbao, 2011, p. 93-101.

[179] Y. SEMEN, *La espiritualidad conyugal según Juan Pablo II,* Desclée De Brouwer, Bilbao, 2011, p. 94.

[180] Cfr. Y. SEMEN, *La espiritualidad conyugal según Juan Pablo II,* Desclée De Brouwer, Bilbao, 2011, p. 79-92.

[181] Cfr. Y. SEMEN, *El amor en la familia según Juan Pablo II,* Desclée De Brouwer, Bilbao, 2016, p. 76.

[182] Y. SEMEN, *La espiritualidad conyugal según Juan Pablo II,* Desclée De Brouwer, Bilbao, 2011, p. 97.

confianza, pero, sobre todo asociar toda la perspectiva de alegría y esperanza del matrimonio a Dios.[183]

III.3.8. *La alegría de la entrega*[184]

Por consiguiente, el tema de la entrega conlleva en sí el aspecto de la *alegría*, que viene *de los orígenes*. La alegría de amar consiste en la entrega, en la comunión que San Juan Pablo II habla en la audiencia de 14 de noviembre de 1979, expresada en la '*communio personarum*' que forman el hombre y la mujer[185]:

> "El grito de alegría del primer hombre ante la primera mujer es, al mismo tiempo, un grito de amor, el primer canto de amor de la humanidad, el 'prototipo bíblico del Cantar de los cantares', dice Juan Pablo II. Es el origen y la fuente de la alegría de amar, de la alegría de la entrega. Es la alegría que emana de todos aquellos que han comprendido que el amor es, en primer lugar, entrega de uno mismo. Es la alegría propia de las bodas y esta alegría subsiste, a pesar de todas las desfiguraciones del amor debidas al pecado, como una aspiración fundamental del corazón del hombre, como un testigo de su origen."[186]

La alegría de la comunión, "a la que están llamados los esposos al vivir plenamente de la gracia de su sacramento del matrimonio y que les ha sido merecida por la ofrenda redentora de Cristo", es *alegría que permanece*, según las palabras

---

[183] Cfr. Y. SEMEN, *El amor en la familia según Juan Pablo II,* Desclée De Brouwer, Bilbao, 2016, p. 76.

[184] Cfr. Y. SEMEN, *El amor en la familia según Juan Pablo II,* Desclée De Brouwer, Bilbao, 2016, p. 77.

[185] Cfr. Y. SEMEN, *La espiritualidad conyugal según Juan Pablo II,* Desclée De Brouwer, Bilbao, 2011, p. 106-110.

[186] Y. SEMEN, *La espiritualidad conyugal según Juan Pablo II,* Desclée De Brouwer, Bilbao, 2011, p. 106.

motivadoras de la obra de Yves Semen[187], incluso cuando se garantiza la perspectiva del fruto de esta alegría: "El hijo [...] el testigo de una comunión [...] signo intangible de la comunión de los orígenes."[188]

III.3.9. *La eucaristía, misterio nupcial*[189]

En este momento del itinerario Yves Semen propone una reflexión "sobre el vínculo que existe entre el matrimonio y la Eucaristía"[190]. La propuesta de formación inicia con el tema de la relación entre *Caná y la Cena*[191] que son, en el "Evangelio de Juan –el apóstol del amor [...]", los "dos momentos claves reveladores de una realidad espiritual profunda que los esposos están invitados a saborear, a meditar e incluso a contemplar en su conexión íntima [...]".[192]

Para la pareja se propone el diálogo sobre qué significado tiene el hecho de *la Eucaristía, entrega nupcial [...]* con la *entrega de los cuerpos*[193] realizada por los esposos. Con el tema de la *intimidad conyugal e intimidad eucarística*[194] reflexionamos que:

---

[187] Cfr. Y. SEMEN, *La espiritualidad conyugal según Juan Pablo II*, Desclée De Brouwer, Bilbao, 2011, p. 106-110.

[188] Y. SEMEN, *La espiritualidad conyugal según Juan Pablo II*, Desclée De Brouwer, Bilbao, 2011, p. 109.

[189] Cfr. Y. SEMEN, *El amor en la familia según Juan Pablo II*, Desclée De Brouwer, Bilbao, 2016, p. 78.

[190] Y. SEMEN, *El amor en la familia según Juan Pablo II*, Desclée De Brouwer, Bilbao, 2016, p. 78.

[191] Cfr. Y. SEMEN, *La espiritualidad conyugal según Juan Pablo II*, Desclée De Brouwer, Bilbao, 2011, p. 111-121.

[192] Y. SEMEN, *La espiritualidad conyugal según Juan Pablo II*, Desclée De Brouwer, Bilbao, 2011, p. 111.

[193] Cfr. Y. SEMEN, *El amor en la familia según Juan Pablo II*, Desclée De Brouwer, Bilbao, 2016, p. 78.

[194] Cfr. Y. SEMEN, *La espiritualidad conyugal según Juan Pablo II*, Desclée De Brouwer, Bilbao, 2011, p. 115.

"La eucaristía se revela así como el más nupcial de los sacramentos. Es el sacramento por el que el Cristo-esposo forma a la Iglesia, que es su esposa, alimentándola con su propio cuerpo para la entrega de sí misma. Recibir el cuerpo eucarístico de Cristo no es, por tanto, únicamente ocasión de un 'corazón a corazón' con Jesús; es también –y en sentido propio- un 'cuerpo a cuerpo' de cada uno y cada una de nosotros como miembro de la Iglesia-esposa con el Cristo-esposo".[195]

Se habla aquí del aspecto de *Las bodas del cordero*[196] y hace referencia a "la unión esponsal de Cristo con la Iglesia a través del texto del capítulo 5 de la carta a los Efesios"[197] como "el mismo corazón de la realidad y de la verdad del matrimonio y, al mismo tiempo, en su verdad más elevada"[198]. La Teología de San Juan Pablo II, "nos lleva a una dimensión tal del 'lenguaje del cuerpo' que podríamos llamar de mística. En efecto, habla del matrimonio como de un 'gran misterio'"[199], conforme Yves Semen se basa en la catequesis de la audiencia del 4 de julio de 1984.[200]

---

[195] Y. SEMEN, *La espiritualidad conyugal según Juan Pablo II,* Desclée De Brouwer, Bilbao, 2011, p. 115.

[196] Cfr. Y. SEMEN, *La espiritualidad conyugal según Juan Pablo II,* Desclée De Brouwer, Bilbao, 2011, p. 118.

[197] Y. SEMEN, *La espiritualidad conyugal según Juan Pablo II,* Desclée De Brouwer, Bilbao, 2011, p. 120.

[198] Ibid.

[199] Ibid.

[200] Cfr. Y. SEMEN, *La espiritualidad conyugal según Juan Pablo II,* Desclée De Brouwer, Bilbao, 2011, p. 111-121.

III.3.10. *Los esposos y el sacerdote*[201]

En el paso de la espiritualidad conyugal hay un aspecto que Yves Semen recuerda respecto a la vinculación del sacramento del matrimonio con el sacramento del orden. Se basa[202] al citar la audiencia de San Juan Pablo II, en la catequesis de 21 de abril de 1982, en las reflexiones del capítulo 5 de la carta a los Efesios, texto "igualmente válido, tanto para la teología del matrimonio, como para la teología de la continencia 'por el reino', es decir, la teología de la virginidad o del celibato."[203]

En esta parte de su obra, Yves Semen habla del *sacerdote-esposo* y reflexiona sobre la vinculación entre el sacerdote y los esposos que se configuran el uno a los otros como testigos de la fidelidad y de la entrega.[204] A la pareja se les cuestiona entre otras preguntas de las líneas de diálogo[205], si al sacerdote le "vemos verdaderamente como figura del Cristo Esposo de la Iglesia."[206]

En segundo momento de esta etapa del itinerario, Semen habla sobre el *sacerdote y los esposos*[207] presentando la reflexión de tener los sacerdotes la tarea de ser junto al matrimonio "pastores del amor humano"[208] y relaciona los temas *Matrimonio, orden y eucaristía*[209] diciendo: "es un vínculo espiritual muy fuerte el que debe unir a los sacerdotes y a los esposos, un vínculo que hunde sus raíces en las relaciones nupciales

[201] Cfr. Y. SEMEN, *El amor en la familia según Juan Pablo II,* Desclée De Brouwer, Bilbao, 2016, p. 79.

[202] Cfr. Y. SEMEN, *La espiritualidad conyugal según Juan Pablo II,* Desclée De Brouwer, Bilbao, 2011, p. 123-130.

[203] Y. SEMEN, *La espiritualidad conyugal según Juan Pablo II,* Desclée De Brouwer, Bilbao, 2011, p. 125.

[204] Cfr. Y. SEMEN, *La espiritualidad conyugal según Juan Pablo II,* Desclée De Brouwer, Bilbao, 2011, p. 123-130.

[205] Cfr. Y. SEMEN, *El amor en la familia según Juan Pablo II,* Desclée De Brouwer, Bilbao, 2016, p. 79.

[206] Y. SEMEN, *El amor en la familia según Juan Pablo II,* Desclée De Brouwer, Bilbao, 2016, p. 79.

[207] Cfr. Y. SEMEN, *La espiritualidad conyugal según Juan Pablo II,* Desclée De Brouwer, Bilbao, 2011, p. 126.

[208] Y. SEMEN, *La espiritualidad conyugal según Juan Pablo II,* Desclée De Brouwer, Bilbao, 2011, p. 127

[209] Cfr. Y. SEMEN, *La espiritualidad conyugal según Juan Pablo II,* Desclée De Brouwer, Bilbao, 2011, p. 128.

de Cristo con la Iglesia. Los sacerdotes son servidores de la eucaristía, fuente y cima de la vida cristiana" [210]

III.3.11. *Los secretos de la perfección*[211]

En este momento de la formación[212] de la pareja hacia el matrimonio se les propone la reflexión acerca de las dimensiones de la *pobreza*, la *castidad* y la *obediencia*, como aspectos en el camino de la perfección, de la santidad, y que no son exclusivos de la vida religiosa, sino de todo el cristiano, también en la vida conyugal:

> "Cierta tradición espiritual ha dejado pensar que sólo la vía religiosa permitía vivir estos consejos y que, por consiguiente, sólo ella permitía llegar a la santidad, es decir, a la perfección de la caridad. El estado matrimonial, aunque no la prohibiera en absoluto, raramente ha sido considerado como una vía que facilitara el acceso a la santidad, con el motivo de que ese estado hacía difícil la práctica de los consejos evangélicos. ¿Es seguro? Los esposos, en la medida en que se comprometen con el matrimonio como en una respuesta a una autentica vocación cristiana, ¿no están llamados también a practicar estos consejos evangélicos de una manera que les es propia, pero que no es menos exigente que la de los religiosos?"[213]

---

[210] Y. SEMEN, *La espiritualidad conyugal según Juan Pablo II,* Desclée De Brouwer, Bilbao, 2011, p. 128.

[211] Cfr. Y. SEMEN, *El amor en la familia según Juan Pablo II,* Desclée De Brouwer, Bilbao, 2016, p. 80.

[212] Cfr. Y. SEMEN, *La espiritualidad conyugal según Juan Pablo II,* Desclée De Brouwer, Bilbao, 2011, p. 131-139.

[213] Y. SEMEN, *La espiritualidad conyugal según Juan Pablo II,* Desclée De Brouwer, Bilbao, 2011, p. 132.

Esas preguntas tienen respuesta en este itinerario de preparación, y a través de las palabras de San Juan Pablo II que, en la Catequesis del Amor Humano (audiencia del 14 de abril de 1982)[214] dice que "Los consejos evangélicos ayudan indudablemente a conseguir una caridad más plena. Por tanto, el que la alcanza [...] llega a esa perfección que brota de la caridad, *mediante la fidelidad al espíritu de esos consejos*."[215]

III.3.12. *La llamada a la santidad*[216]

Al decimosegundo encuentro propuesto a los novios[217], Yves Semen presenta el tema de la *llamada a la santidad* e invita a que las parejas reflexionen acerca de ese aspecto en su vida: "¿santidad individual o santidad de pareja?" Con ello, busca en Gaudium et Spes, no. 48 la argumentación de que "El concilio Vaticano II afirma, ciertamente, que el matrimonio está ordenado a la santificación no sólo personal, sino mutua de los esposos."[218]

Este encuentro indica a la pareja que el camino que se emprende en el matrimonio es un "camino de santidad para la pareja"[219] y *contra el individualismo espiritual*[220], o sea, "un trabajo de comunión de dos personas que, a través de la dinámica del amor esponsal que les une, acaban por no ser más que uno en todas las

[214] Cfr. Y. SEMEN, *La espiritualidad conyugal según Juan Pablo II,* Desclée De Brouwer, Bilbao, 2011, p. 131-139.

[215] Y. SEMEN, *La espiritualidad conyugal según Juan Pablo II,* Desclée De Brouwer, Bilbao, 2011, p. 131.

[216] Cfr. Y. SEMEN, *El amor en la familia según Juan Pablo II,* Desclée De Brouwer, Bilbao, 2016, p. 81.

[217] Cfr. Y. SEMEN, *La espiritualidad conyugal según Juan Pablo II,* Desclée De Brouwer, Bilbao, 2011, p. 141-148.

[218] Y. SEMEN, *La espiritualidad conyugal según Juan Pablo II,* Desclée De Brouwer, Bilbao, 2011, p. 142.

[219] Y. SEMEN, *El amor en la familia según Juan Pablo II,* Desclée De Brouwer, Bilbao, 2016, p. 81.

[220] Cfr. Y. SEMEN, *La espiritualidad conyugal según Juan Pablo II,* Desclée De Brouwer, Bilbao, 2011, p. 143.

dimensiones de su ser y superan así, gracias a la fuerza del amor, su individualidad personal."[221]

Por lo tanto, el encuentro impulsa a la pareja a la *responsabilidad de la salvación del otro*[222], a tomar conciencia "de ser mutuamente responsables"[223] de la salvación el uno del otro y a "ser no solo 'un solo corazón y una sola carne', sino también 'una sola alma'".[224]

III.3.13. *Lo 'permitido-prohibido' y el 'remedio de la concupiscencia'*[225]

El último encuentro del itinerario de preparación al matrimonio, según Yves Semen, trata de tres temas en la vida conyugal: *el 'debito conyugal', el 'remedio de la concupiscencia'* y sobre *lo 'permitido-prohibido'.*[226]

En el primer tema se busca motivar en el diálogo entre la pareja sobre su conocimiento de la "enseñanza moral de la Iglesia sobre la sexualidad"[227] y que el tema del *debito conyugal* es necesario rescatar en el ámbito de la entrega mutua de los cuerpos y la profunda donación de los esposos.

---

[221] Y. SEMEN, *La espiritualidad conyugal según Juan Pablo II,* Desclée De Brouwer, Bilbao, 2011, p. 143-144.

[222] Cfr. Y. SEMEN, *La espiritualidad conyugal según Juan Pablo II,* Desclée De Brouwer, Bilbao, 2011, p. 146.

[223] Y. SEMEN, *El amor en la familia según Juan Pablo II,* Desclée De Brouwer, Bilbao, 2016, p. 81.

[224] Ibid.

[225] Cfr. Y. SEMEN, *El amor en la familia según Juan Pablo II,* Desclée De Brouwer, Bilbao, 2016, p. 82.

[226] Cfr Y. SEMEN, *La espiritualidad conyugal según Juan Pablo II,* Desclée De Brouwer, Bilbao, 2011, p. 149-160.

[227] Y. SEMEN, *El amor en la familia según Juan Pablo II,* Desclée De Brouwer, Bilbao, 2016, p. 82.

En el segundo momento de la conversación[228], por consiguiente, se propone hablar de la expresión tradicional *'remedio de la concupiscencia'* en 1 Jn 2,16 cuando trata de la *'triple concupiscencia'*, tema, que aunque no se presente en la definición de los fines del matrimonio, es muy importante pues es "la gracia sanante del sacramento del matrimonio [...] por los méritos de la redención de Cristo [...] para los que están llmados a esta vocación."[229]

Al final, reflexionar sobre lo *'permitido-prohibido'* en la vida conyugal es importante para la vida diaria, pues "permitir un discernimiento justo en esta materia constituye verdaderamente el resultado de una verdadera madurez espiritual y afectiva"[230] y que "en realidad, todo depende de las personas, de su situación, de su sensibilidad, de su educación, de su historia, de las edades de la vida. Y es en cada unión de los cuerpos, que es distinta en cada ocasión, donde es preciso ejercer este discernimiento, bajo la mirada de Dios."[231]

III.4. Consideraciones

Yves Semen en su obra *La sexualidad conyugal, según Juan Pablo II* comenta sobre la dedicación de Karol Woyjtyla, con relación a la preparación de los jóvenes al matrimonio[232], cuando en *Cruzando el umbral de la esperanza*[233], contesta a una entrevista y habla de su cariño por la juventud desde su vida de joven sacerdote en

[228] Cfr. Y. SEMEN, *El amor en la familia según Juan Pablo II,* Desclée De Brouwer, Bilbao, 2016, p. 82.

[229] Cfr. Y. SEMEN, *La espiritualidad conyugal según Juan Pablo II,* Desclée De Brouwer, Bilbao, 2011, p. 154.

[230] Y. SEMEN, *La espiritualidad conyugal según Juan Pablo II,* Desclée De Brouwer, Bilbao, 2011, p. 158.

[231] Ibid.

[232] Y. SEMEN, *La sexualidad según Juan Pablo II,* Desclée De Brouwer, Bilbao, 2007, p. 34-36.

[233] P. JUAN PABLO II, *Cruzando el umbral de la Esperanza,* Plaza y Janes, Barcelona, 1994.

Cracovia, y además, en el aspecto de la vocación de la juventud hacia el amor y la familia, que repetimos aquí en nuestro trabajo:

> "Esta vocación al amor es, de modo natural, el elemento más íntimamente unido a los jóvenes. Como sacerdote, me di cuenta muy pronto de esto. Sentía una llamada interior en esa dirección. Hay que preparar a los jóvenes para el matrimonio, hay que *ensenarles el amor*. El amor no es cosa que se aprende, ¡y sin embargo no hay nada que sea más necesario ensenar! *Siendo aún un joven sacerdote aprendí a amar el amor humano*. Éste es uno de los temas fundamentales sobre el que centré mi sacerdocio, mi ministerio desde el púlpito, en el confesionario, y también a través de la palabra escrita. Si se ama el amor humano, nace también la viva necesidad de dedicar todas las fuerzas a la búsqueda de un 'amor hermoso'."[234]

Reflexionar sobre la búsqueda de la juventud por constituir familia, conlleva en sí, en el ámbito de todos los agentes de la Pastoral Familiar (sacerdotes y matrimonios) un empeño de formación y de presentar en ella la belleza del matrimonio, lo que reclama *Amoris laetitia* y debe impulsar los jóvenes: "Tanto la preparación próxima como el acompañamiento más prolongado, deben asegurar que los novios no vean el casamiento como el final del camino, sino que asuman el matrimonio como una vocación que los lanza hacia delante, con la firme y realista decisión de atravesar juntos todas las pruebas y momentos difíciles." (AL 211)

Amoris laetitia habla de la *pastoral del vínculo* necesaria para este empeño evangelizador, a realizar en la pastoral prematrimonial y matrimonial "donde se aporten elementos que ayuden tanto a madurar el amor como a superar los momentos duros" y con ello:

> Estos aportes no son únicamente convicciones doctrinales, ni siquiera pueden reducirse a los preciosos recursos espirituales que siempre ofrece la Iglesia, sino que también deben ser caminos prácticos, consejos bien

[234] Ibid, p. 132-133.

> encarnados, tácticas tomadas de la experiencia, orientaciones psicológicas. Todo esto configura una pedagogía del amor que no puede ignorar la sensibilidad actual de los jóvenes, en orden a movilizarlos interiormente. (AL 211)

A través del análisis de la obra de Yves Semen visualizamos una propuesta a la preparación al matrimonio, a partir de la concepción de Juan Pablo II sobre el amor humano en las *Catequesis del amor humano*, proferidas en el inicio de su pontificado. Vimos en este itinerario, además de un camino gradual de formación y reflexión a la pareja, también pasos de reconocimiento de la propia vida conyugal en la ternura, en el diálogo, en la experiencia de la mutua entrega.

Claro que este camino de preparación de los novios deberá indicar "lugares y personas, consultorías o familias disponibles, donde puedan acudir en busca de ayuda cuando surjan dificultades" (AL 211), y además "nunca hay que olvidar la propuesta de la Reconciliación sacramental, que permite colocar los pecados y los errores de la vida pasada, y de la misma relación, bajo el influjo del perdón misericordioso de Dios y de su fuerza sanadora." (AL 211)

CAPITULO IV

VALORACIÓN DE LA PROPUESTA DE YVES SEMEN DESDE AMORIS LAETITIA Y LOS DEMÁS DOCUMENTOS

IV.0. Introducción

Sin la intentar agotar las posibilidades tan amplias sobre esta cuestión en la vida joven y familiar, debemos hacer una valoración de la propuesta de Yves Semen, desde *Amoris laetitia* y los demás documentos, con énfasis en *Familiaris consortio*, con el intento de identificar en este proyecto, y en los tiempos actuales, luces que enseñen caminos para una entrega verdadera, auténtica, llena de entusiasmo y fe, por parte de los jóvenes, para construir familia y garantizar la vida y el amor.

Son evidentes en *Amoris laetitia,* las indicaciones esenciales para la preparación al matrimonio, recordando a *Familiaris consortio.* Después de 25 años de *Familiaris consortio*, la Exhortación Apostólica *Amoris laetitia* viene reafirmar aspectos muy importantes.

El matrimonio es un signo precioso. Cuando un hombre y una mujer celebran el sacramento del matrimonio Dios se refleja en ellos, en el carácter de su amor. El matrimonio es el icono del amor de Cristo a su Iglesia, por ello debe "reflejar el amor que Cristo-Esposo da a la Iglesia, su esposa. Hemos de pensar que este amor es total y que llega incluso a la ofrenda total de sí mismo en la cruz." [235]

Los esposos son llamados a vivir en perfecta unión, iluminados por el misterio divino, en común entrega y donación: "Si nuestro amor debe configurarse con el de Cristo por su Iglesia, se trata, pues, de un amor que está llamado a ir hasta el absoluto de la entrega, que puede ser lo absoluto del sacrificio." [236]

---

[235] Y. SEMEN, *La espiritualidad conyugal según Juan Pablo II,* Desclée De Brouwer, Bilbao, 2011, p. 32.

[236] Ibid.

Después del amor de Dios, el amor conyugal es la amistad más grande. Es la unión con todas las características de la amistad, la búsqueda del bien del otro, la reciprocidad, la intimidad y la ternura.

> "La amistad, la voluntad de buscar y de perseguir mutuamente el bien del otro, hasta quererlo antes que el propio bien e incluso, llevando las cosas al extremo, en detrimento –al menos aparente- del propio bien, constituye ya una forma madura del amor que permite pensar en el matrimonio y, una vez celebrada la boda, hacerlo vivir con una estabilidad que nunca alcanzarán los solos sentimientos."[237]

La unión que se cristaliza en la promesa matrimonial es para siempre. Por ello, es más que una formalidad social o una tradición, porque se radica en las inclinaciones espontáneas de la persona humana.

Un amor frágil, incapaz de aceptar el matrimonio como un desafío que exige luchar, renacer, reinventar, y recomenzar siempre hasta la muerte, no puede sostener un alto nivel de compromiso. Requiere el don de la gracia que lo fortalece y eleva para que ese amor pueda pasar todas las pruebas y mantenerse fiel contra todo.

El amor de amistad se llama caridad, cuando capta, aprecia el valor que el otro posee. Si la belleza, el valor del otro, no coincide con los atractivos físicos o psicológicos, nos permite saborear el carácter sagrado de la persona, sin necesidad de poseerla.

IV.1. Acogida de la pareja y adecuada preparación

Es fundamental una formación, con anticipación adecuada, de preparación para el matrimonio, para que se sientan acogidos, no se alejen, perciban la grandeza y la

[237] Y. SEMEN, *El amor en la familia según Juan Pablo II,* Desclée De Brouwer, Bilbao, 2016, p. 33.

importancia de este sacramento, con testimonios motivadores, principalmente en el ambiente familiar.

> "*Amoris Laetitia,* con gran prudencia pastoral, habla en dos niveles de esta preparación. Uno genérico, en cuanto es importante para todo joven aprender el amor verdadero; otro específico, para los que de hecho han formalizado un noviazgo."[238]

En el momento de la celebración del sacramento del matrimonio, debe ser valorado el rito sacramental y no concentrarse en otras preocupaciones, pues es indisoluble para toda la vida.

Es necesario desarrollar acciones para acompañamiento de los recién casados en los primeros años, insertándolos en actividades motivadoras en la comunidad parroquial y en la Pastoral familiar.

> "Para la preparación próxima e inmediata se ha de ofrecer itinerarios, procesos de auténtico discipulado que cuenten con el tiempo suficiente para desplegar todos los aspectos de la vida cristiana y los específicos de la vida matrimonial y familiar. Dada la situación de nuestros jóvenes no habría que disminuir las exigencias de estos itinerarios que pueden ser complementados con momentos de convivencia, retiros y ejercicios espirituales."[239]

---

[238] J. GRANADOS , S. KAMPOWSKI, J.J. PÉREZ-SOBA, *Acompañar, Discernir, Integrar, Vademécum para una nueva pastoral familiar a partir de la exhortación Amoris Laetitia,* Grupo Editorial Fonte, Burgos, 2016, p. 53.

[239] J.J. REIG PLA, *Las tareas de la pastoral familiar renovada,* In. LARRÚ, J. D. (ed), *La grandeza del amor humano.* BAC, Madri 2013, p. 377.

IV.2. La importancia de la transmisión de la fe y los compromisos del matrimonio

Es necesario perseverar para que las personas perciban con nuestros testimonios la importancia y razones suficientes para preservar el matrimonio y la familia, sus valores, las gracias añadidas y ofrecidas por Dios por la vivencia de este sacramento. La mayoría de las veces demostramos la grandeza de este sacramento en las enseñanzas de Jesús y en su seguimiento:

> "Este discipulado en el que se discierne la vocación al matrimonio, la elección del que puede ser el futuro esposo o la futura esposa, ha de desarrollarse como un itinerario de fe que incluya toda la experiencia de la Iglesia: oración escucha de la Palabra, celebración de la Penitencia y de la Eucaristía, acompañamiento del testimonio de otros matrimonios, formación cristiana y, según las etapas, preparación para la celebración fructuosa del sacramento del matrimonio y para la vida y misión de la familia."[240]

Dentro de la familia son importantes los ejemplos, de amor, dedicación, fidelidad, acogida al don de la vida y la fe. Las familias actuales no están cumpliendo con la función educativa, preocupados en ofrecer bienes materiales, acaban no teniendo tiempo para conversar, están cansados, son dependientes de los medios de comunicación social, no se sientan a la mesa para las comidas, y en este ambiente conturbado dejan de transmitir la fe a los hijos.

IV.3. La espiritualidad en la futura vida conyugal

La espiritualidad tiene que estar presente en las relaciones de amor en la vida conyugal, con amor divino, caminando hacia la santidad de los esposos, en la oración

[240] Ibid, p. 376.

familiar, en el ejercicio de la Iglesia doméstica en comunión con el amor inmenso del Padre.

Acogida y hospitalidad deben ser los impulsos de la vida del hombre y la mujer que van a vivir con dignidad la alegría de sentirse amado. Lo que notamos en el proyecto presentado por Yves Semen es que "una espiritualidad propia para las personas casadas"[241] debe ser garantizada entre los jóvenes para que puedan realizarse plenamente en el amor.

> *"En relación a la pastoral juvenil* [...] Sin duda, esto es un *cambio radical* que afecta sobre todo nuestra *juvenil* [...] Los caminos para ello son muy variados, pues se requiere ante todo incorporar el amor verdadero como luz auténtica de los programas y de la metodología de la pastoral de juventud [...] Una de las cuestiones esenciales que *no puede faltar nunca es* la formación afectivo-sexual [...] Se pide un lenguaje nuevo que queda referido a un cierto "lenguaje del cuerpo" (AL 284). Es una referencia implícita a las catequesis de San Juan Pablo II sobre el amor humano, tan citadas en *Amoris Laetitia* (cfr. Especialmente AL 151)."[242]

Al enfatizar el contenido presente en las Catequesis del Amor Humano, Yves Semen basa los temas que presenta en *La Espiritualidad Conyugal según Juan Pablo II*[243] como propuesta de preparación al matrimonio a fin de no solo rescatar la riqueza que San Juan Pablo II ofrece para la comprensión del amor en la familia en el mundo, sino presentar este don a la vida de las futuras familias, aquellas que son constituidas en los tiempos hodiernos y son destinatarias de esa enseñanza:

---

241 Y. SEMEN, *La espiritualidad conyugal según Juan Pablo II,* Desclée De Brouwer, Bilbao, 2011, p. 19.

242 J. GRANADOS , S. KAMPOWSKI, J.J. PÉREZ-SOBA, *Acompañar, Discernir, Integrar, Vademécum para una nueva pastoral familiar a partir de la exhortación Amoris Laetitia,* Grupo Editorial Fonte, Burgos, 2016, p.54-57.

243 Y. SEMEN, *La espiritualidad conyugal según Juan Pablo II,* Desclée De Brouwer, Bilbao, 2011.

"[…] proponer unas vías de espiritualidad tomadas de la fuente de esta teología del cuerpo que Juan Pablo II regaló a la Iglesia del siglo XXI. Del siglo XXI, y no del siglo XX. Porque debemos reconocer que la teología del cuerpo, aunque constituya la gran catequesis con la que Juan Pablo II inauguró su pontificado, ha sido mantenida en cierto modo bajo el celemín durante todo el tiempo en que estuvo a la cabeza de la Iglesia."[244]

De hecho, afirma Semen ser fundamental en la vivencia del amor en la familia "Manifestar la dimensión de la entrega inscrita en el cuerpo humano, vivir la única vocación de la persona a la entrega de sí misma a través de todas las expresiones del lenguaje del cuerpo, dar testimonio con toda su vida de las relaciones nupciales de Cristo y de la Iglesia […]" [245]

Es un camino a recorrer de perseverancia espiritual de los esposos y de busca de la santidad en el matrimonio, pues "ésa es la misión de los esposos cristianos y la fuente de la espiritualidad que debe ser la suya propia." [246] Por ello, ya afirmaron Granados J., Kampowski, S, Pérez-Soba, J.J. que:

"El primer paso es conocerlas y traducirlas a un lenguaje para los jóvenes. Así se ha hecho en algunas asociaciones de estudio sobre la *Teología del cuerpo*, y en algunas experiencias organizadas en las Jornadas Mundiales de la Juventud, en torno a esta propuesta del "Papa de la familia". Se trata de experiencias que han mostrado efectivamente su fecundidad y que llegan a los jóvenes. La tarea requiere una revisión de los medios pedagógicos y una vuelta a las virtudes: "Es preciso recordar la importancia de las virtudes. Entre estas, la castidad resulta

[244] Y. SEMEN, *La espiritualidad conyugal según Juan Pablo II,* Desclée De Brouwer, Bilbao, 2011, p. 23.

[245] Ibid, p. 26.

[246] Ibid.

condición preciosa para el crecimiento genuino del amor interpersonal" (AL 206, citando *Relatio 2014*, n. 39, cfr. *Relatio 2015*, n. 58)."[247]

Vamos a ver en el próximo apartado la importancia del acompañamiento en los pasos e itinerario del camino conforme *Amoris Laetitia*, y conforme propuesta de Yves Semen, que será el recurso imprescindible para la joven vida matrimonial.

IV.4. Renovar la mirada en el itinerario de la preparación: acompañar

El cuarto aspecto que notamos en la propuesta de Yves Semen, está de acuerdo con lo que desea la Iglesia respecto a la preparación al matrimonio. "El aspecto primero al que hemos de referirnos es la *preparación al matrimonio*. *Amoris laetitia* insiste en salir de la concepción de un requisito de preparación sacramental para situarlo todo dentro de una pastoral de acompañamiento."[248]

Desde *Familiaris consortio,* como vimos anteriormente en las fases de preparación, se requiere de los jóvenes un itinerario de preparación, y *Amoris laetitia* pide una nueva mirada al itinerario, a través del *acompañamiento.*

> "La terminología que usa la Exhortación debe comprenderse desde la que propone la *Relatio 2015* (n. 57): *"Deben tenerse en cuenta las tres etapas indicadas por la Familiaris Consortio (cfr. 66): la preparación remota, que incluye la transmisión de la fe y de los valores cristianos en el seno*

---

[247] J. GRANADOS , S. KAMPOWSKI, J.J. PÉREZ-SOBA, *Acompañar, Discernir, Integrar, Vademécum para una nueva pastoral familiar a partir de la exhortación Amoris Laetitia,* Grupo Editorial Fonte, Burgos, 2016, p.57.

[248] J. GRANADOS , S. KAMPOWSKI, J.J. PÉREZ-SOBA, *Acompañar, Discernir, Integrar, Vademécum para una nueva pastoral familiar a partir de la exhortación Amoris Laetitia,* Grupo Editorial Fonte, Burgos, 2016, p.52.

de la propia familia; la preparación próxima, consistente en los itinerarios de catequesis y las experiencias formativas vividas en la comunidad eclesial; y la preparación inmediata al matrimonio, como parte de un camino más amplio caracterizado por la dimensión vocacional."[249]

Yves Semen nos presenta una propuesta que se corresponde con esta perspectiva. Renovar la mirada exige un cambio, una transformación de las prácticas para que se alcance un resultado mejor, de inserción de los jóvenes al matrimonio comprendiendo lo que van a asumir, respondiendo de hecho a la vocación al amor.

Se trata de un cambio profundo, solicitado por el Papa Francisco en *Amoris laetitia*, y que refleja el intento de la Iglesia de mejorar la preparación al matrimonio a los jóvenes, rescatando lo que en *Familiaris consortio* ya se pretendía:

> "El cambio principal que hemos de afrontar consiste en que esta preparación deje de ser algo marginal que hacen unos pocos en momentos muy determinados, pero que no afecta apenas al conjunto de la pastoral de la Iglesia. Se trata de que tal preparación pase a ser una preocupación real y afectiva para toda la comunidad eclesial: "Invito a las comunidades cristianas a reconocer que acompañar el camino de amor de los novios es un bien para ellas mismas" (AL 207)[250]

Como vimos en la propuesta de Yves Semen, presenta un itinerario de formación que pretende superar la idea de preparación al matrimonio, que según J. Granados, S. Kampowski y J.J. Pérez-Soba, correspondía a una *catequesis clásica*, reducida "una

[249] Ibid, p. 52-53.

[250] Ibid, p. 52.

preparación *inmediata*, capaz de acoger a las personas y de impactarlas, pero no de llegar a las disposiciones profundas que se requieren."[251]

La propuesta que estudiamos prevé el *acompañamiento* que, "por el contrario, permite la inserción en un proceso de maduración en el amor verdadero: es la "pastoral del vínculo" (AL 211)[252]

En esa perspectiva la preparación al matrimonio asume un espacio más amplio, adquiere una potencialidad mayor de lo que se suela hacer en las comunidades parroquiales. Esa actitud de cambio debe involucrar a toda la Parroquia, a fin de que se evidencien todos los agentes que promueven el matrimonio en la Iglesia y, además, tornándose corresponsables

> "De acuerdo con la sugerencia del Sínodo, este acompañamiento ha de ser asumido por la *comunidad eclesial.* Como es lógico, para ser concretos, se ha de hablar en primer lugar de las comunidades parroquiales y, análogamente, de los movimientos y las asociaciones eclesiales. Es decir, se ha de aplicar el mismo principio que se propone para los primeros anõs del matrimonio: *"La parroquia se considera el lugar donde los cónyuges expertos pueden ofrecer su disponibilidad a ayudar a los más jóvenes, con el eventual apoyo de asociaciones, movimientos eclesiales y nuevas comunidades"* (AL 223, cita *Relatio 2014*, N. 40; cfr. *Relatio 2015,* n. 60)".[253]

Mirar de esta manera al itinerario de formación, con la perspectiva presentada por Yves Semen, concreta el deseo de la Iglesia por la vida del matrimonio y la familia, a través de una preparación a la vida conyugal consistente y duradera, en los tiempos actuales.

---

[251] Ibid, p. 53.

[252] Ibid.

[253] Ibid.

IV.5. Consideraciones

Como vimos en este capítulo, habiendo hecho una valoración de propuesta de preparación para el matrimonio según Yves Semen, consideramos que los aspectos presentados y confrontados desde *Familiaris consortio* y *Amoris Laetitia* son las características para, de esa misma manera, buscar perfeccionar nuestros encuentros prematrimoniales y ofrecer nuevas perspectivas.

> "La preparación para el matrimonio cristiano ha de ser vista como un proceso gradual y continuo que la *Familiaris consortio* sistematiza en tres etapas: remota, próxima e inmediata. Esta preparación, acompañada de la educación afectivo sexual, ha de vivirse como un proceso evangelizador desarrollado al modo del discipulado de Cristo. En definitiva se trata de discernir la llamada del Maestro a seguirle en la vocación esponsal-conyugal como un camino que tiene como horizonte la santidad de vida."[254]

Por ello: "La unión afectiva de los novios se transforma en afecto conyugal, que les vincula interiormente uno a otro y les identifica como tales. Es el consentimiento recíproco el que realiza este milagro: de dos, uno. Y genera el 'nosotros conyugal' en el que el Espíritu se da en forma nueva."[255]. Es la novedad del amor que renueva, se fortalece y transforma la vida del hombre y de la mujer, y les va perfeccionando en el nuevo itinerario que deberá empezar:

> "Prepararse a esta metamorfosis del amor no es simple cuestión de generosidad: ni tampoco de claridad. Sino, sobre todo, de una armonía o

[254] J.A. REIG PLA, *Las tareas de la pastoral familiar renovada,* In. J.D. LARRÚ, (ed), *La grandeza del amor humano.* BAC, Madri 2013, p. 376.

[255] J. NORIEGA, *La preparación al matrimonio en el noviazgo con prácticas propias,* In. J.D. LARRÚ (ed), *La grandeza del amor humano.* BAC, Madri 2013, p. 321.

> concordia recíproca que se ha ido forjando con prácticas específicas. Esas prácticas les han obligado a elegir, a ordenar sus amores, a luchar uno por el otro, a vencer los obstáculos de la incomprensión y el desaliento, a generar la esperanza. El amor se va haciendo así inteligente, capaz de crear formas nuevas de comunión. Hasta que madura lo suficiente para mover a regalarse y acogerse mutuamente. Si hay algo que los novios esperan de la Iglesia y de la sociedad es, precisamente, que les ayuden a generar estas prácticas que les van a permitir madurar en su amor."[256]

Se favorecerá en este itinerario el mutuo reconocimiento del amor que, base del matrimonio a ser vivido como don y entrega debe transformar la vida de aquellos que, antes caminando en la soledad, ahora se encuentran en la comunión de la vida a dos, hombre y mujer, según la alianza hecha con Dios.

---

[256] Ibid.

CONCLUSIÓN

En los tiempos actuales, las incertezas, sospechas, desconfianza en cuanto al futuro y miedo de asumir responsabilidades, son los sentimientos de los jóvenes. Al mismo tiempo el deseo de realizarse en el amor, el éxito profesional, el bienestar económico, la felicidad y paz, son sus deseos en el plan positivo de construcción en cuanto persona humana.

En el primer capitulo de nuestra investigación hemos podido observar esta realidad, según la perspectiva de la Iglesia, en las Exhortaciones Apostólicas *Amoris laetitia* y *Christus vivit.*

Se nota, sin duda, que el matrimonio y familia pasan por cambios culturales muy grandes y, al mismo tiempo, cambios paradigmáticos. Para hacer corresponder las ansias de la persona de hoy con las estructuras de vivencia, de relación, de amistad y convivencia han tenido que basarse en valores subjetivos.

En Brasil, las cuestiones actuales (de género, subjetividad de las relaciones, vínculos y valores distintos) son los principales fundamentos de la ruptura con la visión antigua de la vida y la familia y, en la dimensión social, tienen sus grandes influencias en el campo jurídico, económico, político y cultural: "La pérdida de validez de valores y modelos de la tradición y la incertidumbre acerca de las nuevas propuestas que se presentan desafían a la familia a convivir con cierta fluidez [...]"[257]

Las relaciones sociales tradicionales se fueron disolviendo y los criterios de racionalidad inspirados en el materialismo prevalecieron. La crisis de la modernidad representó la caída de las grandes referencias, incluso de los valores y enseñanza de la religión y del cristianismo.

La pregunta es: ¿es seguro que solamente el "yo" es importante? No hay seguridad ninguna fuera de uno mismo, pues se crea una insatisfacción profunda.

[257] "A perda de validade de valores e modelos da tradição e a incerteza a respeito das novas propostas que se apresentam desafiam a família a conviver com certa fluidez [...]" G. PETRINI, *Políticas Sociais Dirigidas à Família,* en A. BORGES, M.G. CASTRO, *Família, gênero e gerações,* Desafios para as políticas sociais, Paulinas, São Paulo 2007, p. 209 (trad. nuestra).

Vivimos la *posverdad*. Hasta los partidos políticos adaptan sus programas al electorado en busca del poder y, con ello, todo es modificable y no hay puntos fijos de referencia.

La historia de la familia en Brasil fue construida dentro de un ambiente de contradicciones, pero aún así estaba basada en un matrimonio católico. Actualmente, los cambios son grandísimos: las formas de convivencia se han insertado en nuestra sociedad y han propiciado que la estructura familiar se halle totalmente desregulada. Los individuos siguen sus propias normas, maneras y gustos. El matrimonio ha dejado de ser un proyecto de vida común.

En el segundo capítulo reflexionamos que la perspectiva hacia la construcción de la familia, a través del matrimonio, es presentada por la Iglesia en su riquísima y vasta apertura en la comprensión de la realidad social y familiar, con propuestas que deben ser transformadoras. Vimos por *Familiaris consortio* y *Amoris laetitia* como es el interés del Magisterio de ofrecer respuestas en un período de tantos cambios como vivimos en las últimas décadas y en la entrada del nuevo milenio.

Sin embargo, estamos viviendo un período de profundas inquietudes en los campos de la fe y la moral. Las ideologías presentes en las políticas públicas demuestran el propósito perverso de la construcción de una sociedad ajena al sentido sacramental de la vida. Buscan proporcionar apoyo a la familia con ofertas que significan más una ruptura y destrucción de la familia y del papel de los padres en ella, que la importancia de su valor para el bien de la civilización.

En los programas sociales de educación de la sexualidad, por ejemplo, percibimos la oposición evidente a los valores enseñados por la Iglesia. Las políticas de formación de padres para la preparación de los hijos para la vida sexual y afectiva revelan el distanciamiento concreto del sentido de amor y de vida que la Iglesia defiende.

En este sentido, estas orientaciones políticas dan plena autonomía a los jóvenes para vivir la sexualidad de manera egoísta, como fruto de un derecho, y exentas de cualquier sentido de sacrificio, de donación, de entrega. El sentido de generación de los hijos en este contexto prácticamente no aparece y está totalmente alejado del valor sagrado del matrimonio y sus valores unitivo y procreativo.

Al conocer las obras de Yves Semen que abordan los temas de la sexualidad, la espiritualidad conyugal y el amor en la familia, según San Juan Pablo II, vemos grandes esperanzas. Estas obras traen consigo la gran riqueza de la *Teología del Cuerpo* anunciada por San Juan Pablo II y conlleva su interés por construir una *antropología adecuada* que debe asegurar el bien de la persona, de la vida y la familia.

Por consiguiente, el tercer capítulo de este trabajo se detiene en presentar la propuesta de Yves Semen para la preparación al matrimonio como un itinerario para ser vivido por nuestros jóvenes en los pasos de fortalecimiento del amor para toda la vida. La *Teología del Cuerpo* de San Juan Pablo II es el faro para iluminar este desafío de la preparación al matrimonio. Los jóvenes permanecen deseosos de constituir familia y de realizarse en el matrimonio, como estudiamos en *Amoris laetitia.*

El camino de formación solicitado por la Iglesia y ofrecido a los jóvenes en la preparación al matrimonio desde *Familiaris consortio* encuentra gran impulso con una renovada mirada, a través de *Amoris laetitia*, y empujados por la propuesta de Yves Semen este itinerario podrá ser construido con creatividad, empeño y recursos técnicos y metodológicos. Los equipos de la Pastoral Familiar son fundamentales en nuestras parroquias para fortalecer la Evangelización de la vida de las familias.

Por ello en el cuarto capítulo de nuestra investigación tenemos una valoración de la propuesta de Yves Semen desde *Familiaris Consortio* y *Amoris Laetitia*, evidenciando los aspectos de la espiritualidad en los pasos hacia el matrimonio y el recurso imprescindible del acompañamiento para que los jóvenes descubran un camino de santidad que es lo esencial para un matrimonio feliz y logrado.

Notamos en la propuesta de Yves Semen que se evidencian los aspectos que la Iglesia ofrece en el camino de la preparación al matrimonio conforme *Familiaris Consortio y Amoris Laetitia.* Ante su propuesta, podemos afirmar que es posible responder al desafío de la preparación al matrimonio en los días de hoy.

Así, los aspectos esenciales para vivir en el matrimonio reciben valor absoluto: la fidelidad, la educación de los hijos en la fe, la unidad familiar, son todas realidades que, como vimos, contraponen la cultura actual de fragmentación de la familia. A partir de estos aspectos la *antropología adecuada* de San Juan Pablo II se fundamenta y se constituye.

Por ello, para garantizar el fortalecimiento de la familia es necesaria una actitud. Y, en Yves Semen hay un camino y es posible: mejorar la preparación al matrimonio ofreciendo en las comunidades parroquiales, lugar de encuentro y de fe, lugar de fortalecimiento con la Palabra de Dios y la Eucaristía, la vivencia de la *Teología del Cuerpo*, de modo innovador y dinámico a los jóvenes enamorados de hoy.

¡Es posible! Este camino, como vimos, implica en el apartado a) *acogida de la pareja y adecuada preparación*, con base en la teología del cuerpo de San Juan Pablo II; en el b) *la importancia de la transmisión de la fe y los compromisos del matrimonio*, basados en un camino de profundización de la futura vida conyugal a ser asumida y dentro de la vida eclesial, buscando ser Iglesia doméstica; en el c) *la espiritualidad en la futura vida conyugal*, presentada en los diversos momentos del itinerario de preparación como una experiencia a ser vivida; y en el d) *renovar la mirada en el itinerario de la preparación*: *acompañar*.

Son las indicaciones presentes en la propuesta de Yves Semen, un camino de vivencia del matrimonio fortalecido y sólido. Además, estas indicaciones, a partir de un itinerario de formación gradual, señalados en *Familiaris consortio*, ahora reciben una mirada renovada. *Amoris laetitia* nos hace caer en la cuenta de la necesidad del acompañamiento personal, pero es en la *Teología del Cuerpo* donde encontramos el gran recurso para que la preparación al matrimonio sea la verdadera ayuda para nuestros jóvenes.

BIBLIOGRAFIA

FUENTES PRIMARIAS

CATECISMO DE LA IGLESIA CATOLICA, Asociación de Editores del Catecismo, Bilbao 1992.

CONCÍLIO VATICANO II, *Constituição Pastoral Gaudium et spes*: sobre a Igreja no Mundo de Hoje, In. VIER, F. (Org.). *Compêndio Vaticano II*: constituições, decretos, declarações, Vozes, Petrópolis 2000.

CONCÍLIO VATICANO II, *Constituição Pastoral Lumen gentium*, In. VIER, F. (Org.). *Compêndio Vaticano II*: constituições, decretos, declarações, Vozes, Petrópolis 2000.

CONFERÊNCIA EPISCOPAL LATINO-AMERICANA, *Texto conclusivo da V Conferência Geral do Episcopado Latino-Americano e do Caribe, Documento de Aparecida*, Paulus, São Paulo 2007.

FRANCISCO, P., *La Alegría del amor. Exhortación apostólica Amoris Laetitia.* EDIBESA, Madrid 2016.

FRANCISCO, P., *Vive Cristo. Exhortación apostólica Christus Vivit.* San Pablo, Madrid 2019.

JUAN PABLO II, P., *Exhortación Apostólica Familiaris Consortio, La familia,* San Pablo, Madrid 1981.

JUAN PABLO II, P., *Hombre y Mujer los creó, Catequesis sobre el amor humano*, Ediciones Cristiandad, Madrid, 2017.

SEMEN, Y., *El amor en la familia según Juan Pablo II*, Desclée De Brouwer, Bilbao 2016;

SEMEN, Y., *La espiritualidade conyugal según Juan Pablo II*, Desclée De Brouwer, Bilbao 2011;

SEMEN, Y., *La sexualidad según Juan Pablo* II, Desclée De Brouwer, Bilbao 2005;

SÍNODO DE LOS OBISPOS, III Asamblea General Extraordinaria, *Desafíos pastorales de la familia en el contexto de la evangelización.* (Instrumentum laboris), San Pablo, Madrid 2014 (1);

SÍNODO DE LOS OBISPOS, *Sínodo extraordinario sobre la familia*, Relatio Synodi (Lineamenta); BAC-documentos, Madrid, 2014 (2);

SÍNODO DE LOS OBISPOS, XIV Asamblea General Ordinaria, *La vocación y la misión de la familia en la Iglesia y en el mundo contemporáneo.* (Instrumentum laboris), BAC-documentos, Madrid 2015 (3);

SÍNODO DE LOS OBISPOS, XIV Asamblea General Ordinaria, *La vocación y la misión de la familia en la Iglesia y en el mundo contemporáneo.* (Relatio Finalis), San Pablo, Madrid 2015 (4).

SÍNODO DE LOS OBISPOS, XV Asamblea General Ordinaria, *Los jóvenes, la fe y el discernimiento vocacional.* (Documento Final), San Pablo, Madrid 2018.

FUENTES SECUNDARIAS

BAUMANN, Z., *Vida Líquida*, Jorge Zahar Editora, Rio de Janeiro 2007.

BAUMAN, Z., *Modernidade líquida*, Jorge Zahar Editora, Rio de Janeiro 2001.

BASTOS, A.C.S., GOMES, M.M., GOMES, M.C., REGO, N., *Conversando com famílias: crise, enfrentamento e novidade.* In. MOREIRA, L., CARVALHO, A. M. A. (orgs), *Família, subjetividade e vínculos,* Paulinas, São Paulo 2007.

BELLO, A. A., *Família e Intersubjetividad,* In. MOREIRA, L., CARVALHO, A. M. A. (orgs), *Família, subjetividade e vínculos,* Paulinas, São Paulo 2007.

BOROBIO, D., *Família, Sociedad, Iglesia. Identidad y misión de La familia cristiana,* DDB, Bilbao 1994.

BRENNER, A. K., DAYRELL, J., CARRANO, P., *Culturas do lazer e do tempo livre dos jovens brasileiros*, In. ABRAMO, Helena W., BRANCO, P. P. M. (Orgs), *Retratos da Juventude Brasileira*, Instituto Cidadania/ Editora Fundação Perseu Abramo, São Paulo 2003.

CORREA, G. V., *Pós-Modernidade e Juventude,* A formação da consciência em um contexto líquido, 2010 (Trabalho de Conclusão de Curso - TCC – Curso de Teologia) Faculdade João Paulo II, Marília 2010.

CORTES BLASCO, F. J., *El esplendor del amor esponsal y la communio personarum, La doctrina de la castidad en las Catequesis de San Juan Pablo II sobre El amor humano en el Plan Divino*, Cantagalli, Siena 2018.

DONATI, P., DI NICOLA, P., *Lineamenti di sociologia della familia*, Roma, Carocci 2002.

FRANCISCO, P., *Dios es joven, una conversación con Thomas Leoncini*, Planeta Testimonio, Barcelona 2018,

GRANADOS, J., KAMPOWSKI, S., PÉREZ-SOBA, J.J., *Acompañar, Discernir, Integrar, Vademécum para una nueva pastoral familiar a partir de la exhortación Amoris Laetitia,* Grupo Editorial Fonte, Burgos, 2016.

HABERMAS, J., *Pensamento pós-metafísico: estudos filosóficos*, Tempo Brasileiro, Rio de Janeiro 1990.

JUAN PABLO II, P., *Cruzando el umbral de la Esperanza,* Plaza y Janes, Barcelona, 1994.

KUBY, G., *La revolución sexual global. La destrucción de la libertad en nombre de la liberdad*, Didaskalos, Madrid 2017.

MAJORANO, S., *A consciência, Uma visão cristã,* Editora Santuário, Aparecida 2000.

MOREIRA, L; CARVALHO, A. M. A. (editado por), *Família, subjetividade e vínculos*, Paulinas, São Paulo 2007.

NORIEGA, J., *La preparación al matrimonio en el noviazgo con prácticas propias,* In. LARRÚ, J. D. (ed), *La grandeza del amor humano.* BAC, Madri 2013.

PABLO VI, P. *Humanae Vitae*, in. *Humanae Vitae* (Documento y Reflexiones de los Papas Pablo VI, Juan Pablo II, Benedicto XVI y Francisco), Palabra, Madrid, 2018.

PETRINI, G., *Políticas Sociais Dirigidas à Família,* In. BORGES, A, CASTRO, M.G. *Família, gênero e gerações,* Desafios para as políticas sociais, Paulinas, São Paulo 2007.

QUEIROZ, J. J.; GUEDES, M. L.; QUINTILIANO, A. M. (Orgs.), *Religião, Modernidade e Pós-Modernidade:* interfaces, novos discursos e linguagens, Editora Idéias& Letras, Aparecida 2012.

REIG PLA, J.A., *Las tareas de la pastoral familiar renovada,* In. LARRÚ, J. D. (ed), *La grandeza del amor humano.* BAC, Madri 2013.

SILVA, E. P., Posfácio: *Quem ama é criativo! Youcat: o presente da Igreja para os jovens* In. YOUCAT Brasil, Catecismo Jovem da Igreja Católica, Paulus, São Paulo 2011.

WOYTYLA, K., *Amor y Responsabilidad*, Ediciones Palabra, Madrid 2015.

INDICE

Printed by Books on Demand GmbH, Norderstedt / Germany